士業コラボによる総合的解説書

激変時代の労務トラブルと対応例40

労務トラブル総合研究会 編

労働新聞社

はじめに

　今回の世界的な新型コロナの感染拡大により、人々の健康はもちろんのこと、社会の活動も大きく停滞し、経営者や労働者の生活に大きな影響が出ています。

　これまでは、サービス残業など法令上の問題があるものの、従業員との信頼関係などからトラブルとならなかった事がらについても、感染症拡大防止のための休業等をきっかけに従業員と軋轢が生じることにより、労務問題が顕在化している状況といえます。経営者が基本を知らないと、労務トラブルが起きた時に大変なことになります。そのような事態に直面したときにはどのようにすべきでしょうか。

●基本的なポイントを知ることが重要

　休業や雇用調整助成金の申請、テレワークなどに関する相談を多く受けるなかで、何人かの経営者の方から、「本業以外の労務などは全く知らないし、この業界は法律を守るのは難しい」との声を聞きました。

　たしかに本業も大切ですが、人を雇う場合には法律を守ることが基本となります。最近は突然の解雇などによる労務トラブルは企業の規模を問わず急増しており、経営者が最低限の法律に関するポイントを理解することが求められていると考えます。

●コロナ後へ向けて、労務問題の改善が急務

　今後、効果的なワクチンの開発が進み、感染防止の明確な対応策が完備するなどして、新型コロナ問題の解決が見えてきた際には、止まっていた働き方改革が進められることが考えられます。

　本書はコロナ前からコロナ禍における相談を基に作成しております。経営者には今回の危機的な状況を乗り越え、そして自社が抱える労務問題を洗い出し、改善することが求められており、本書ではその一助となるよう労務トラブルと対応策について紹介しています。

　皆さまに少しでもお役に立てば幸いです。

筆者を代表して

社会保険労務士　本間　邦弘

第1章　コロナ禍からコロナ後の労務へ

第2章　労務トラブルと対応の例

第1章

コロナ禍から
コロナ後の労務へ

第1節　コロナ禍で見えてきた課題など

1．コロナで噴出する労務トラブル

（1）新生活様式や経済の沈滞の影響

①　新生活様式による心身の負担など

　コロナ拡大防止のために、緊急事態宣言が発令されるなどにより直接の人の交流や移動、外出までも制限され、心身の閉塞感が拭えない状態が続いています。人の移動などが制限されたことで、他の人とのふれあいや屋内、屋外での運動などによるストレス発散など、心身の負担を軽減する方法が少なくなったことで、内向きな思考になりがちな傾向がみられます。

②　経済活動の沈滞化が雇用など労務に大きな影響

　今回の世界的な新型コロナの感染拡大により、社会の活動も大きく停滞し、経営者や労働者の生活に大きな影響が出ています。経済の沈滞化は、雇用面にも多大な影響を及ぼしており、勤務形態への影響として時差出勤やテレワークに始まり、時短勤務や休業、さらに賃金引下げや希望退職、整理解雇といったリストラに進む傾向が否めない状況です。

（2）これまでの労務の課題が噴出か

①　労務トラブルが急増

　労務トラブルに目を向けると、これまではサービス残業など法令上の問題があっても、従業員との信頼関係などから労務トラブルまでにはならなかったことが、表面化している例が多くなっています。まさに、コロナをきっかけにこれまで隠れていた労務問題が顕在化している状況と

感じます。

② トラブルの要因は基本的なポイントの理解不足か

　コロナ禍において、休業や時短に基づく「雇用調整助成金」の申請を行い、テレワークなどに関する相談などを受ける中で、経営者の方から、「本業についてはわかるが労務のことは全く知らない」、「この業界は労働関係の法律を守るのは難しい」という声を聞くことが多くありました。

　たしかに、本業は最優先で取り組むべき事項といえますが、労基法で定める休業手当の未払いや、退職強要、解雇などといったトラブルには、法律の基本が守られていないことが要因である場合が多いと感じます。

2．コロナ後へ向けて、労務の総点検と改善が急務

（1）「うちは大丈夫」は通用しなくなる？

① 労務トラブルを話した際に、よく聞く声

　経営者の方や担当者に、会社の問題点やそれがどんな労務トラブルにつながる可能性があるかを話すと、「うちではこれまで問題なくできている」、「いろいろ世話をしてきたから、従業員とはそこまでは問題にならないはず」という声も多く聞きました。しかし、一度問題がこじれてトラブルになると、多くの時間と多額の費用が必要になります。

② 労働基準監督署（以下「労基署」）の調査が活発に行われている

　コロナ収束が見えない現在（2021年（令和3年）2月1日）でも、労基署の調査は活発に行われています。

　たとえ、従業員との関係が良好であっても、労基署が調査に入り違法性などを指摘された場合には、法律等に即した改善が求められ、中には2年分の賃金未払いとその清算を行い、報告するように命じられた例もあります。

③　従業員の意識の変化やネット等での情報収集など

　さらに、従業員の意識や生活状況も刻々と変化しており、労務トラブルは企業の規模を問わず急増しているといえます。真偽は別として、ネットなどで多くの情報を仕入れる労働者側と、本業に忙しく労務の情報を得にくい経営者側とのギャップが問題を大きくしている面もあると思います。

（2）労務の総点検は、基本の見直しから

① 　募集、雇入れから退職まで、時系列で見直し

　労務は人、特に従業員に関するものであり、基本的な流れは、従業員の募集に始まり、面接、採用に至り、会社に勤務して最終的に退職となります。

　自社では、具体的に募集から退職までどのような対応をしているかを確認し、その内容に法違反など問題が生じる可能性がないかを精査してください。

② 　就業規則や諸規程で確認する

　まずは就業規則の内容に沿って確認してみましょう。就業規則は、「会社の憲法」ともいわれており、労働条件は、原則として個別の雇用契約書よりも就業規則が優先されます（労働契約法（以下「労契法」）第12条）。なお、賃金規程や退職金規程、育児・介護関係規程、車輌運行規程、内規など、ルールを文書化したものは、原則として就業規則に属することになりますので、注意が必要です。

　従業員数が10名未満で就業規則がない場合は、義務ではありませんが、今後のトラブル防止のためにも作成した方がよいと思われます。

第2節　コロナ後に留意すべき労務のポイント例

1．コロナ後の労務

（1）働き方改革が動き出す

①　働き方改革のポイント

　コロナ問題の収束が見えてきた際には、一度止まっていたように見えた働き方改革に関する事項の推進が加速することが考えられます。

②　厚労省が示した働き方改革の趣旨など

　厚労省が2019年に公表した、働き方改革が必要な理由として、日本が「少子高齢化に伴う生産年齢人口の減少」や「育児や介護との両立など、働く方のニーズの多様化」などに直面していることを挙げ、投資やイノベーションによる生産性向上とともに、就業機会の拡大や意欲・能力を存分に発揮できる環境を作ることが重要な課題としています。

　そして、「働き方改革」は、その課題の解決のため、労働者の個々の事情に応じ、多様な働き方を選択できる社会を実現し、一人ひとりがより良い将来の展望を持てるようにすることを目指すとしています。

（2）労務トラブルの増加

①　法改正などにより、労務トラブルが加速

　これまでも多く発生した未払い賃金のトラブルに加え、最近増加しているのがパワハラなどハラスメントに関するものです。

　2020年（令和2年）4月に、賃金の支払いに関する時効が2年から

3年（当面の間、その後は5年の予定）となり、また2022年4月には
ハラスメント防止が全事業主に義務付けられるため、未払い賃金やハラ
スメントに関するトラブルはますます増加することが予測されます。

② 　生活や人間関係の悪化や、法律や裁判の誤解など

　　今後は、賃金引下げや退職勧奨、整理解雇などの増加が予測され、労
働者の生活面などでやむ無くトラブルになることも予測されます。

　　また、上司と部下の人間関係の悪化や、労働者がネット等で得た法律
や裁判、トラブル解決例などについて間違って理解したまま様々な要求
をしてきてトラブルになることも予測されます。

２．主な法律の改正や本書の狙いなど

（１）働き方改革に関連する事項

① 　法律の改正

　　働き方改革に関して、労務関連として主に次の法律が改正されていま
す。

《同一労働同一賃金関係》

　　　ａ．労基法　　ｂ．安衛法　　ｃ．労契法（旧第20条の廃止）

　　　ｄ．旧パートタイム労働法（パート・有期雇用法へ名称変更や改正）

　　　ｅ．労働者派遣法　　ｆ．その他

② 　国（厚労省）のガイドライン・指針の公表

　　働き方改革に関して、次のガイドラインなどが公表されています。

　　① 「同一労働同一賃金に関するガイドライン」（短時間・有期雇用労働
　　者及び派遣労働者に対する不合理な待遇の禁止等に関する指針）

　　　　　　　　　　　　　　…2018年（平成30年）12月28日

②「副業・兼業の促進に関するガイドライン」

…2018 年（平成 30 年）1 月

…2020 年（令和 2 年）9 月改定

③　裁判の動き（最高裁の判断）

最高裁の判断がなされたものとして、次の 5 つの判例があります。

①ハマキョウレックス事件（2018 年（平成 30 年）6 月 1 日、判断）

②長澤運輸事件（前記①と同日に判断）

③大阪医科薬科大学事件（2020 年（令和 2 年）10 月 13 日、判断）

④メトロコマース事件（前記③と同日に判断）

⑤日本郵便事件（2020 年（令和 2 年）10 月 15 日、判断）

（2）その他の主な法律改正など

①　法律の改正

　a．労働施策総合推進法　b．労基法　c．その他

②　その他の動き

　①　裁判の動き

　　未払い賃金等の支払いや、パワハラやセクハラによる慰謝料などの支払いを求めて、多くの裁判が提起され、今後も増加が予測されます。

　②　ＡＤＲ（裁判外の和解）による話合い

　　ＡＤＲは、裁判になる前に、当事者の間に専門家の第三者が入り、紛争の円満な解決を図る制度で、代表的なものに都道府県労働局内で無料で行われる弁護士や社労士などの労働問題の専門家により組織された紛争調整委員会による助言・指導、斡旋があります。

　③　行政の調査など

　　未払い賃金等の支払いや過重労働などに関する労基署の調査や、パワハラやセクハラに関する労働局の助言、その他が予測されます。

（3）本書の趣旨など

　本書は、コロナ前からコロナ禍における相談を基に作成しておりますが、働き方改革に関連するトラブルや今回の危機的な状況を乗り越えた後の労務トラブルと対応策を念頭において作成しています。

　また経営者の皆さまに知っていただきたい基本的な内容について理解していただくことを目的とし、労務関係の整備などに役立つことを願っています。

第2章

労務トラブルと
対応の例

第1節　従業員とのトラブル編

❶ 募集、面接、採用時

1　「経験は問わず」で募集し採用したが、能力不足で解雇、未経験者トラブル

1．トラブルの概要

　広告代理店のA社では、慢性的な人手不足もあり「未経験者歓迎、丁寧に教えます」と掲載して、営業担当を募集していました。募集に応募してきたBさん（27歳）は、全く違う業種に勤務した経験しかありませんでしたが、A社では20代のBさんを採用することにしました。しかし、Bさんはパソコンがあまり操作できず、さらに先輩とクライアントに同行して説明を担当させても、満足にできない状態でした。A社では能力があまりにも劣るとして、試用期間中に解雇を予告したところ「未経験者歓迎で募集して、いきなり解雇は不当であり、解雇の撤回または6カ月分の賃金を支払え」と請求され、賃金2カ月分の解決金を支払うことでBさんは退職しました。

2．トラブルの要因や対応のポイント

（1）トラブルの要因　未経験者歓迎などの危険性

① 未経験者歓迎では認識の違いが

　昨今の従業員不足から、A社のように「経験不問」として募集するこ

とが多くなっています。その影響からか、「採用した従業員が、コミュニケーションが取れない」、「全く常識がない」などという話を耳にすることが増えています。働く側は、「未経験でも会社が教えてくれるというのだから大丈夫」と思い、雇う側は「いくら何でもこれくらいはできるだろう」と考え、その認識の違いがトラブルの原因になっている場合もあるようです。

② 経験不問として募集する危険性

　会社が募集において、ただ単に経験不問などとして経験のない人を募集することは、「どんなに経験の無い方でも、当社で育てます」というリスクを伴う可能性があります。事実、BさんはA社の担当者に対して「募集の際に、丁寧に教えますと書いてあり、会社の教育に問題があるからではないですか」と主張していました。その結果、「不当解雇」と反発され、2カ月分の賃金を支払うことになったといえます。

（2）対応の例

　募集に当たっては、「Excelのレベルが〇程度以上の方」、「営業の仕事のため、クライアントなどとコミュケーションを取れる方」など最低限の条件を記載することが重要と考えます。例えば、広告代理店であれば、「他の社員やクライアントと打合せをし、広告の制作を行う業務で、コミュケーションが重要です」などが考えられます。

　どの程度のレベルが必要か、または業務内容を詳しく記載するなどにより、募集の際に条件を明示していたとされ、もしも採用した従業員が会社の求めるレベルに達しない場合などに、本採用しない重要な根拠になると考えます。

　「経験不問」、「未経験者歓迎」として募集する際には、リスクなどを想定したうえで行うことも大切と考えます。

2 「募集内容と面接で聞いた休日が違う！」募集要項を巡るトラブル

1．トラブルの内容

　建設業のA社では、ハローワークに正規従業員の募集をしました。しかし、A社では所定休日が毎週日曜日と祝日で、1日8時間労働となっていたため、ハローワークの担当者から「1日8時間労働の場合には週休2日が必要」といわれ、土・日曜日の週休2日として募集を行いました。数日後にBさんから応募があり、面接を行いました。A社の担当者は「ハローワークに出すために、仕方なく週休2日で募集したが、実は日曜日と祝日が所定休日です」と伝えたところ、Bさんは「週休2日の条件だったので応募したが、これは違法な募集です。ハローワークにそのことを報告します」と怒りをあらわにしたため、担当者は平謝りして何とかそれ以上の問題にはならずに済みました。

2．トラブルの要因や対応例

（1）トラブルの要因

①　職業安定法の改正と募集内容の明示義務

　労働者の募集を行う会社などは、求職者や募集に応じようとする労働者に対して、従事すべき業務の内容および賃金、労働時間その他の労働条件を明示することが義務となっています（同法第5条の3第1項）。
　また同法第42条では、従事すべき業務の内容等を明示する際には、募集に応じようとする労働者に誤解を生じさせないようにわかりやすい表現などをするように、的確な表示に努めなければならないとされています。

② A社の問題点

　労働者と労働契約を締結しようとする場合に、当初明示した労働条件を変更する場合には、応募者に対して変更する内容等を明示しなければなりません。

　A社では、面接の際に所定休日について募集内容と異なる旨をBさんに伝えましたが、当初から実態と募集内容が違うことを認識していたことが問題となります。募集をするためにやむを得ずとはいえ、週休2日が応募の重要点であったBさんが、これに反発したことは仕方ないことといえます。

③ ハローワークへの苦情申立ても可能

　厚生労働省（以下「厚労省」）は、2020年（令和2年）3月24日に「ハローワーク求人ホットライン」を開設し、ハローワーク（公共職業安定所）で公開している求人票の記載内容と、実際の労働条件が異なる場合の対策を強化しています。同ホットラインは、求職者や就業者からの申出を全国一元的に受け付ける専用窓口であり、全国のハローワークに求人票の記載内容と実際の労働条件が違うといった申出が多いことから、その対策として実施されました。もしかしたら、Bさんは苦情申立てを行っていたかもしれません。

（2）対応の例

　まず、実際の条件と異なる募集を行わないことが重要となります。募集から面接または採用までの間に変更があった場合には、応募者にその旨を伝え、新たな条件について変更の理由と内容について説明を受けたことを書面で確認し、サインをもらい誠実に説明し理解を得たことを記録で残すことが大切であると考えます。

　また、万一、募集時の労働条件等の内容と採用時の労働条件等が異なることになる場合には、最終的な労働条件通知書などにサインを求めることで、労働者が確認し同意したことが明確になると考えます。

3　採用時の基本を忘れずに、労働条件通知書の未交付トラブル

1．トラブルの概要

　A社は従業員8名の会社ですが、経理担当者が高齢を理由に退職することになり、その従業員の紹介で経理担当者としてBさんを採用することになりました。Bさんの採用に当たりA社のC社長は口頭で「1日8時間労働、賃金は基本給20万円、基本は土・日・祝日休み、ただし月1回は土曜日の出勤があります」と説明しました。Bさんは、賃金計算の際に土曜日に出勤した分を、休日出勤として割増しのうえ計算しました。社長は、「月1回の土曜日は出勤と説明したはずだ」と言いましたが、Bさんから「労働条件を書面で交付する義務に反しており、また週6日の勤務の場合は割増賃金の支払いが必要です。労基署に訴えます」と反論され、A社が賃金1カ月分を支払うことでBさんは退職することになりました。

2．対応の例

（1）トラブルの要因

① 　A社は、雇入れ時の書面交付義務に違反

　事業主は、労働者を採用する際には、従事すべき業務の内容および賃金、労働時間などの労働条件を書面（労働条件通知書）で交付しなければなりません（労基法第15条、労基則第5条）。なお、雇用契約書などで法定の事項を記載し締結している場合にも適法となります。

　A社では、Bさんに対して労働条件通知書を交付していなかったため、法違反となり、また週6日の労働では週40時間を超えるため基本給20万円の他に割増賃金の支払い義務が生じます（P.33 事例**7**参照）。

② 労働条件通知書の内容

　必ず書面で明示することが義務付けられているものとして、次のものがあります。これらは記載が必須です。

　　1．労働契約の期間に関する事項

　　2．就業の場所および従事すべき業務に関する事項

　　3．始業および終業の時刻、所定労働時間を超える労働の有無、休憩時間、休日、休暇、ならびに労働者を2組以上に分けて就業させる場合における就業時転換に関する事項

　　4．賃金の決定、計算および支払いの方法、賃金の締切りおよび支払いの時期に関する事項

　　5．退職に関する事項（解雇の事由を含む）

　　6．昇給に関する事項

　また、雇用期間が定められている場合には契約更新の有無や更新基準を記載することが求められ、原則5年超の無期転換（労契法第18条）に関する事項などについて記載することも重要となります。

③ 労働条件通知書と雇用契約書の違いなど

　雇用契約書の締結は義務ではありませんが、使用者と労働者が署名・捺印することにより双方の同意が明確になります。一方、労働条件通知書は法律が求める事項を定める事項のみを記載して交付すれば足りるため、労働者の確認欄や署名は厚労省のひな型にはなく、設けないケースが多くあります。しかし、後になって「知らなかった」、「聞いていない」となりトラブルにならないよう、労働条件通知書の末尾に「上記の内容について説明を受け、同意します」などと記載し、署名を得ることが重要と考えます。

　なお、法定の事項以外に、特に守ってもらいたい事項や、特別な事項がある場合には、その内容を記載することにより、約束事をより明確にすることができると考えます。

4　採用前のリモート飲み会をきっかけに問題が発生、内定取消しトラブル

1．トラブルの概要

　A社では、採用前に採用予定者の親睦のためにオンライン飲み会を実施しましたが、参加者である男性Bさんが、他の女性Cさんに頻繁に個人的に会おうとラインをするようになりました。Cさんから苦情を受けたA社が、Bさんに注意しましたが「プライベートなことなので会社が立ち入るのはおかしい」と改善が見られませんでした。A社では、Bさんが再三の注意にも耳を貸さないため、コミュニケーションに問題があると判断し、Bさんに内定取消しを通知したところ、Bさんの代理人弁護士から「不当な内定取消しであり、撤回を要求する」と通知が来ました。A社では、解決金として基本給2カ月分の支払いを示し和解することになりました。

2．トラブルの原因と今後の対応

（1）トラブルの原因

①　内定の2つの考え方など

　採用の内定者は、原則として採用内定通知だけを送付する労働契約締結の予約の「採用予定者」（内々定者）の場合と、内定式が執り行われたり入社誓約書の提出などを行う、始期付解約権留保付労働契約が締結された「採用決定者」の2つに大きく分けられます。

②　内定取消しをした場合

　内々定者の取消しをした場合には、早期に他の企業への応募の機会があったのにこれを失われたと主張され、慰謝料などの請求を求められる

可能性があります。また「採用決定者」の取消しの場合には、「始期付解約権留保付労働契約」を解約することになり「解雇」に該当するといえます。

　Bさんは採用予定者であり、不当な内定取消しと主張されかねず、A社が2カ月分を支払うことでBさんは内定を辞退しました。

③　A社担当者が、個々のライン交換を推奨

　A社では、人事担当者の発案で、初めての試みとして採用予定者のオンライン懇親会（お酒も可能）を実施しました。しかし、オンライン懇親会が予想以上に盛り上がり、気をよくした担当者が参加者のラインの交換を提案し、全員がラインの交換をしていました。本来であれば、会社側が参加者のプライバシーへ気を配るべきであり、配慮不足を問われても仕方ないともいえます。

④　大きなトラブルの可能性も

　会社側の配慮不足とはいえ、本人の意思を無視して必要以上にアプローチする行為も行き過ぎているといわざるを得ないと考えます。しかし、頻繁にラインしたことなどプライベートな行動について、内定取消し理由として正当といえるかは、疑問があると考えます。

　もしも、不当な内定取消しであるとの主張を強硬にされた場合には、今回の解決金では済まなかった可能性もあり、A社としては、無事に解決することができて良かったといえるのではないでしょうか。

（2）対応の例

①　A社の対応

　A社では、採用予定者のオンライン懇親会は、お酒無しとし、参加に当たり注意事項として、相手のプライバシーを守ることや、参加者同士の連絡先交換などをしないこととしました。また、会社のハラスメント相談窓口を採用予定者にも告知し、何かあれば相談するように指示しま

した。

② コミュケーション方法の模索は続く

　新型コロナの影響などにより、対面での研修や懇親会などが減少する中で、会社と従業員や、従業員同士のコミュニケーションをどう円滑にするかについては模索中であり、今後も様々な課題を解決しながら、新時代のコミュニケーション方法が求められていると考えます。

5 外国人労働者を採用したが、不法就労と判明、不法就労助長トラブル

1．トラブルの概要

　建設業のA社は、1年前から現場の作業員として勤務する外国人従業員Bさんの紹介で、新たに外国人Cさんを雇用しました。Bさんの話では、Cさんは奥さんが日本人であり、働くことに問題は無いとのことでしたので、Cさんが持参した在留カードのコピーを確認しただけで、まずは忙しい現場で働いてもらいました。しかし、A社の担当者がCさんに何度も在留カードの原本の提出を求めても提示しないため、紹介者のBさんに同席してもらいCさんに強く原本の提示を求めると、実はCさんは5年前に日本人の奥さんと離婚しており、就労どころか在留資格がなく、在留カードのコピーは偽造であることを認めました。A社では、すぐにCさんに退職してもらうことになりました。

2．外国人の就労資格や不法就労に該当する場合

（1）外国人の就労資格など

① 日本滞在には、在留資格が必要

　外国人が日本に入国や滞在する場合には在留資格を得る必要があります。在留資格には、日本への観光などで訪れる「短期滞在」（日本で就労することはできません）や、日本の大学などで学ぶ「留学」、限定された分野について就労可能な「技能」、「技術・人文知識・国際業務」など、全部で29種類が定められています。

② 就労が可能な場合

　在留資格の中で、本来就労を目的とした資格は19種類あり、その他に「留学」、「家族滞在」等が「資格外活動許可」を得て一定の制限の範囲で働くことが可能な場合や、また原則として業種の制限や就労時間の制限なく働くことができる「永住者」や「定住者」、「日本人の配偶者等」などがあります。

（参考　URL：http://www.immi-moj.go.jp/tetuduki/kanri/qaq5.pdf）

（2）就労資格の確認方法例　(P.29 参照)

① 在留カード番号の失効情報照会

　出入国在留管理庁のサイトに、在留カード番号失効情報照会があり、在留カードの番号が既に失効していないか確認ができます。ただし、実際に存在する有効な在留カード番号と期限を用いて偽造された場合には、対応できないことになります。

（参考　URL：https://lapse-immi.moj.go.jp/ZEC/appl/e0/ZEC2/pages/FZECST011.aspx）

② 住民票の提出

　外国人の住民票には、在留カード番号や在留カードに記載されている在留資格、在留期間および在留期間の満了などが記載されており、提出してもらう方法があります。

③ 就労資格証明書の提出

　本人の申請から交付まで一定期間かかりますが、出入国在留管理庁が交付する就労資格証明書を提出してもらう方法があります。

④ 在留カードのICチップを読み取る

　在留カードのICチップを読み取る機械が市販されており、これで本物かどうか確認できるようですが、購入には数万円前後かかるようです。

（3）不法就労に該当する場合の例

① 就労資格などが無い外国人が働いた場合

日本への入国が許可されていない外国人や就労資格を持たない外国人が日本で働いた場合などが不法就労に該当します。

② 就労資格を逸脱した場合（資格外活動許可の場合を除く）

就労する資格を得て働いた場合でも、通訳の資格で就労資格を得ている外国人労働者を雇い入れ、実際には通訳ではなく会社の電話の取次ぎなど事務職として勤務させた場合などが該当する可能性があります。

③ 資格外活動許可の範囲を逸脱した場合

本来は学問等の習得を目的とした在留資格である留学生や、日本語学校の就学生などがアルバイトを行う場合には、「資格外活動の許可」の取得が必要です。また、資格外活動には風俗営業での勤務など禁止されている職種があり、就労時間も原則として週28時間以内（例外有り）とされており、「資格外活動の許可」を得ずに働いたり、制限に反して就労した場合には、不法就労となる可能性が生じます。

（4）事業主等の責任「不法就労助長罪」について

① 不法就労助長罪とは

事業主等が、外国人に不法就労をさせたりすることは不法就労を助長することになり、これらを禁止したものが「不法就労助長罪」といえます。前記（3）に記載する不法就労者を雇い入れたり、それを目的として居住させたり、かくまった場合などには、「不法就労助長罪」（3年以下の懲役もしくは300万円以下の罰金、入国管理法第73条の2）に問われる可能性が生じます。

② 知らずに雇った場合なども「不法就労助長罪」に

　不法就労には、在留資格を持たない者だけでなく、日本での在留資格があっても就労資格を持たない場合や許可された活動の範囲を超えて働いた場合などがあります。それを知らないまま雇い入れた場合なども「不法就労助長罪」に問われる可能性がありますので注意が必要です。

3．今回のトラブルの原因と対応例

（1）就労資格の確認が不完全であったこと

　今回のトラブルは、紹介した外国人従業員の話を信じてしまい、本来は在留カードの原本を確認すべきところを、コピーの提出を受けただけで働かせてしまったことが要因といえます。不法就労に該当する外国人を雇い入れてしまい、不法就労助長罪に問われないよう、採用前の徹底した確認が必要となります。

（2）対応例

① 在留資格を証する書類等について、原本を確認

　就労できる資格かどうか確認するために、在留カードなどの原本の提示を受け、さらにそのコピーを保管することが重要です。

② 誓約書や身元保証書の提出

　外国人の雇入れの際に、当該外国人から、在留資格を証する物など提出された書類等に間違いがないことや、報告を求められた場合には必ず指示されたとおり報告することなどを記載した誓約書の提出、身元保証書の提出を求めることにより、確実性が増すと考えます。なお、身元保証書については、P.30 事例6を参照ください。

　また、在留カードなどの原本を定期的に確認することや身元保証人への確認も大切と考えます。

別　紙　　●在留カードの確認方法例

１．在留カードを動かして確認する

　① 在留カードの角度を変えたときの特色

- MOJ の文字がグリーンに変化
- カード左側がピンク色に変化
- ホログラムが３Ｄ的に動く。
- 文字の白黒が反転する。

　② 暗所で見た場合

- 透かし文字が入っている。

２．在留カードの記載事項を確認する

　① 表面

- 番号：12桁の番号の記載
- 在留資格：内容を確認
- 就労制限の有無：加か不可か
- 在留期限および有効期間：期限内か

　② 裏面

- 資格外活動許可覧：許可の記載があるか

※表面の就労制限の有無で、不可の場合に一定の制限のもとで就労が可能

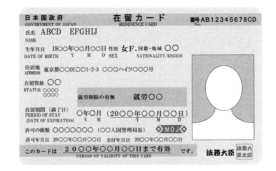

《 **参　考** 》URL：http://www.immi-moj.go.jp/newimmiact_1/pdf/zairyu_syomei_mikata.pdf

6　身元保証書の提出を命じたがこれを拒否、身元保証トラブル

1．トラブルの概要

　クリニックを経営する医療法人Aでは、本年1月から看護師のBさんを採用することになり、身元保証書の提出を求めました。医療法人Aでは、身元保証人は3親等以外の成人2名とし、所定の身元保証書をBさんに渡したところ、「記載されている内容に納得がいかない。このままでは勤務できない」と提出を拒否されました。所定の身元保証書（P.32「身元保証書（会社の例）」参照）には、「身元保証の限度額は、200万円とします」と記載があったため、その金額に驚いたようです。医療法人Aでは、Bさんの理解を得るために、顧問社労士に説明してもらい、保証限度額を半分以下にすることで、ようやくBさんも納得して提出し、勤務することになりました。

2．トラブルの要因

（1）身元保証書と法律の改正

① 身元保証書の意義など

　企業などが従業員を採用する際に、身元保証人を記載した身元保証書の提出を義務付ける場合が多くあります。企業などが身元保証人を必要とする理由として、従業員の身元が確かなことを証明させることや、従業員が故意や過失によって会社に損害を与えた場合に、身元保証人に連帯して賠償させることなどが考えられます。

　身元保証の期間については、特に定めがないときは3年とされ、期間を定めた場合でも最長で5年と決められています。経営者の中には「石の上にも3年で、その後は本人と会社の問題だから」と身元保証書の更新をしない場合があります。しかし、知り合いの大手銀行の人事担当者は、「トラブルはベテランにもあり得るため、更新も必ず行っていますよ」と話していましたので、更新については検討が必要です。

② 法律の改正

　2020年（令和2年）4月1日の民法改正により「身元保証書」には身元保証人がする保証（賠償）額の限度額の記載が義務付けられました。限度額の記載がないと無効になる可能性もありますが、改正以前は賠償額を決めずに身元保証契約ができ、そのもとで既に提出された身元保証書については当面の間は有効とされています。

（2）高額な限度額の記載が影響も

　法改正前は、賠償額に限度がなかったため、身元保証人の負担を軽減することなどが改正の理由と考えられます。賠償の限度額が定まることにより、企業などは身元保証人に請求できる金額が制限されるため、限度額をどう設定すればよいのか迷っているようです。限度額を設定する一つの目安として、その従業員の賃金の3カ月や6カ月分などとして、賃金を基準に定めることもあるようですが、担当している業務や取り扱う金額、万が一の場合に想定される損害額など、どう設定するかはケースバイケースになると思います。

　Bさんの賃金は月30万円でしたので、200万円という6カ月分を超える金額の記載にBさんが驚き反発したようです。そこで、医療法人Aでは顧問の社労士に同席してもらい、身元保証書の意味や法改正の趣旨、賠償額を90万円に下げ、あくまでも限度額であることなどを説明し、Bさんの理解を得ることができました。

（3）対応の例

　医療法人Aでは、保証額の限度を原則として賃金月額の3カ月分とすることにして身元保証書の他にわかりやすい説明書を作成し、採用者と身元保証人に渡し理解を得ることにしました。

「身元保証書（会社の例)」

株式会社〇〇〇〇
代表取締役　△△△△　殿

　私は、このたび貴社に採用された、〇〇〇〇（以下「本人」という）の身元保証人として、次のことを遵守させます。
　1．本人が、貴社の就業規則など定められた事項を順守し、従業員の義務を果たさせるようにいたします。
　2．本人が、故意または重大な過失等により、貴社に多大の損害を与えた場合には、本人と連帯して損害を賠償いたします。
　3．保証人としての期間の満了や住所など変更が生じた場合には、遅滞なく会社に届け出ます。また、会社から要請があった場合には、ただちにその変更手続きをいたします。
　4．保証額は、●●●万円を限度とします。
　5．本身元保証期間は令和〇年〇月〇日から令和〇年〇月〇日までとし、更新が必要な場合には所定の手続きをとります。

　令和　年　月　日

現住所
連絡先電話番号
携帯電話
身元保証人氏名　　　　　　　㊞
生年月日　　　年　　月　　日生

---

❷ 未払い賃金・名ばかり管理職編

7	残業代の未払いで裁判に、判決で 300 万支払いの命令が、未払い残業代トラブル

1．トラブルの概要

　A社は居酒屋を経営しています。営業時間は、11 時 30 分開始のランチから夜の 12 時までであり、定休日は水曜日の週 1 回となっています。ある日、2 週間前に退職した正規従業員のBさんの代理人弁護士から、「残業の未払いがあり、支払わない場合には、裁判で 600 万円の支払いを求める裁判を提訴する。速やかに支払えば 300 万円に減額する」と請求がありました。A社では、「基本給に残業分も含んで支払うと約束し、本人も同意していたはずだ」としてこれに応じなかったため裁判となり、判決では約 300 万円の支払いを命じられることになりました。

2．トラブルの要因と対応例

（1）トラブルの要因

① 基本給だけの支払いで残業代が未払いに

　Aさんの 1 日の勤務時間は、11 時から 24 時の拘束時間 13 時間、休憩 2 時間の実働 11 時間であり、休日は毎週水曜日でした。また、賃金は基本給として月額 23 万円が支払われていましたが、残業代としての支払いはありませんでした。

② 　法律の定め

　法律では、原則として、1日に8時間、1週間に40時間を超えて労働させてはならないと定められています（労基法第32条）。そして、その時間を超えて労働させた場合には、原則として25％以上の割増しをした賃金を支払うことが必要となります（労基法第37条）。A社では、基本給に残業分も含むとの約束があると主張しますが、現在では基本給のみの支払いであり、それでは残業分を含むとの主張が否定されます。また、説明は口頭のみであり、雇入れ時に労働条件を書面で通知する義務にも反していることになります（P.20 事例**3**参照）。

　つまりA社は、Bさんに対して1日8時間を超え、または週40時間を超えて働いた時間に対して、1.25倍の賃金を支払う必要などが生じるわけです。

③ 　未払い賃金が2年分で約300万円、付加金が加算される場合も

　2020年（令和2年）4月に、賃金に関する時効が3年に改正されましたが、このトラブルは法改正前のものであり、時効は2年となっていました。Aさんの賃金23万円を月の所定労働時間173時間で割り、1.25倍すると1時間当たりの割増賃金は約1662円になります。1日3時間、月25日勤務で月約12万5千円、2年（24カ月）分で約300万円となりました。

　さらに、労基法第114条には付加金として、裁判所が労基法第37条の規定に違反した使用者に対して、最大で未払賃金と同額の付加金の支払いを命ずることができる（趣旨）と規定されており、計600万円となる可能性も生じます。

　今回のトラブルでは、結果的に付加金は認められなかったものの、300万円の未払い賃金の支払いが命じられたものです。

（2）対応の例

① 賃金の支給項目を区分けし、残業などの減少に努める

　A社では、固定的に残業が発生することから、基本給と固定時間外手当の2つに賃金項目を分け、実際の残業に適合した金額を支払うことにしました。さらに、今後は1日の労働時間を減らし、さらに休日を増やして時間外労働の削減に努めるようにして、可能な人から実行することにしました。

② 口頭ではなく書面で同意を残し、規程の変更も必要に

　A社のように、現行の賃金に固定的な残業代が含まれることを口頭で説明し、同意を得ていたとしても、法律に基づいて請求された場合には労働者側の主張が通り、支払うことになりかねません。やはり、労働条件通知書や雇用契約書などに明確に区分して記載し、労働者のサインを得ることが求められると考えます。

　なお、会社等で就業規則を作成している場合には、原則として雇用契約の内容よりも就業規則が優先されることになります（労契法第12条）。賃金規程も就業規則の一部であるため、賃金の内容変更に際しては就業規則または賃金規程を修正し、従業員に周知し、労基署への届出ることが必要になります。

8　あっという間に、200万円を支払えと審判が、労働審判トラブル

1．トラブルの概要

　従業員数8名の食品製造業のA社では、労働時間をタイムカードで管理していましたが、打刻する社員と全く打刻しない社員がいました。1カ月前に退職したBさんは、タイムカードを全く打刻していませんでしたが、そのBさんの代理人弁護士から「未払いの残業代が約200万円あり、1週間以内に支払わなければ労働審判を起こす準備がある」と請求がありました。A社では、タイムカードを打刻していないBさんには証拠がないとしてこれを拒否したところ、労働審判の申立てがあり、Bさんはタイムカードのコピーに手書きで自身の勤務時間を書き込み、これを証拠として提出していました。A社はBさんに多くの仕事を任せきりにしており、その証拠を明確に否定できず、約200万円を支払うよう、審判が下される結果となりました。

2．トラブルの要因と対応例

（1）トラブルの要因

① 労働審判とは

　労働トラブルにおける解決法には、話合いによる和解や話合いで解決できない場合には裁判所を利用した民事調停、民事訴訟の手続きなどがあります。その中でも、使用者と労働者の個々の民事的な紛争（個別労働紛争といいます）を取り扱うのが労働審判制度であり、2006年（平成18年）からスタートしました。その他に個別労働紛争の斡旋（P.39

事例❾参照）などがあります。

労働審判の対象となる労働紛争は、解雇の効力に関するものやサービス残業に代表される賃金や退職金の不払いに関する紛争などです。

② 労働審判には出頭義務がある

労働審判の申立てがなされると、相手方は裁判所に出頭しなければならず、もしも期日に出頭しない場合には労働審判事件を終了させるか、申立人の主張のみで労働審判が行われることになるため、相手方に著しく不利になります。また、労働審判官の呼出しを受けた事件の関係人が出頭しない場合には5万円以下の過料に処することができるとされています。

③ 労働審判の特徴

労働審判制度の特徴に、迅速性があります。原則3回以内の期日で審理を終えることがあり、3カ月程度で結論（審判）が出ることになります。そのため、第1回期日でいかに自身の主張を有利に進め、審判官の心証を良くして勝利の方向へ向かわせられるかが重要になります。

また専門性として、3名の労働審判官（裁判官1名および2名の労働の専門家）による審理が行われ、さらに実効的解決として、審理を進める中で調停による解決が試みられますが、双方の主張が対立するなどして調停が成立しない場合には、事件の内容に即した紛争解決案を定めた労働審判が下されます。労働審判に対して当事者から適法な異議の申立てがない場合には、審判は確定し裁判上の和解と同一の効力を有することになります。

④ A社の管理不足や対応の遅れが要因

① 任せきりや労働時間管理に問題

A社が、Bさんがタイムカードに打刻しないことを知っていながら注意をすることもなく放置していたことや、多くの仕事を任せきりにしたためBさんが最後まで会社に残ることが多く、勤務の実態を証明

できず、Bさんがタイムカードのコピーに手書きした内容を否定できなかったことが問題と考えます。

② 労働審判への対応の遅れ

前述のとおり、短期決戦の労働審判において、第1回の期日にBさんの主張を崩すことができず、Bさんの請求どおりの審判結果になったものと考えます。

（2）対応の例

A社としては、労働時間管理を明確にするためにタイムカードの打刻を義務付け、打刻状況を毎日確認するようにしました。また、会社のセキュリティーを兼ねて警備会社に入・退場の管理などを依頼しました。もしも、タイムカードの打刻、その他に不明な点があれば、速やかに本人に確認することとし、今後のトラブル防止に努めることになりました。

9　未払い賃金などを請求され、拒否すると紛争に、斡旋（あっせん）トラブル

1．トラブルの概要

　運送業のA社に、運転手として勤務して3年目になるBさんから、残業代の未払いと経営者の息子である役員から暴言を吐かれパワハラを受けたとして、未払い賃金80万円とパワハラによる精神的損害の慰謝料50万円、計130万円を支払って欲しいと請求がありました。A社では残業代は月30時間を上限と定めていますが、Bさんの主張は実際には毎月50時間は残業があり、不足の月20時間分について2年前からの未払い分として支払いを求めてきたものです。A社では、残業代は月30時間分まで支払うとして労働契約書で明記し、Bさんも署名・捺印しているとして拒むと、Bさんは紛争調整委員会というところに斡旋を申し立てたため、A社は顧問社労士に相談し斡旋に参加、A社がBさんに40万円を支払うことで、解決に至りました。

2．トラブルの要因と対応例

（1）トラブルの要因

①　紛争調整委員会における、斡旋の意義など

　今回の斡旋は、原則として都道府県労働局内に設けられた、紛争調整委員会で行われるもので、裁判になる前に当事者の間に弁護士等の学識経験者である第三者が入り、双方の主張の要点を確かめ、紛争当事者間の調整を行い、紛争の円満な解決を図る（「ＡＤＲ」ともいわれている）制度です。

　　参加は強制ではなく、斡旋の期日に申立人と被申立人の双方からそれぞれ考えなどを聞くことにより解決の道を模索し、話合いにより主に金銭解決を図る制度といえます。

②　斡旋は弁護士会や社労士会などでも実施

　　斡旋は、今回の紛争調整委員会の他に、弁護士会や社労士会、その他の団体などでも行われており、料金は団体ごとに違います。多くの場合、無料または安価な費用で実施しており、裁判に比べて迅速に解決でき、和解金（解決金）も双方の歩み寄りにより決定されるため少額であることが多いなど、メリットも多くあると思われます。

③　労働契約より法律の定めが優先

①　法定労働時間と支払い義務など

　　法定労働時間は、原則1日8時間、週40時間であり、これを超えて労働した時間については、割増しした賃金の支払いが必要になります（P.33 事例**7**参照）。労働契約で定めた賃金などが法律の定めよりも下回る部分については無効となり、例え労働者本人が署名・捺印して同意していたとしても、請求された場合には、原則として法律の内容で支払うことになります（労基法第13条）。

②　実際に労働した時間分の支払いが必要に

　　前記①のとおり、法律に基づく支払いとは、Bさんが実際に行った労働について支払うことであり、月30時間を超えて残業した分については、残業代の支払いが必要になります。

（2）対応の例

　A社の顧問社労士は、今回のトラブルがもしも裁判になった場合には未払い賃金に加えて付加金（P.34 参照）の請求もあり得ることなどを説明し、早期に改善を提案しました。その結果、月 30 時間を超えた残業については支払い、今後は無駄のない配送計画と効率的な人員配置を再検討し、残業を月 30 時間以内に抑えるよう努めることになりました。

コラム　解決金を退職金として経費処理するケースも

　斡旋において和解し、解決金などを支払う場合に「退職金として処理する」ケースがあります。解決金を一括して退職金として受給した場合には、退職金の支払を受けるときまでに、退職金の支払者に「退職所得の受給に関する申告書」を提出することにより、勤続年数に応じた退職所得控除が受けられ、一定金額まで非課税となります。非課税枠は在職 2 年目までは最低で 80 万円、3 年目からは在職年数× 40 万円、20 年目からは 800 万円＋ 20 年超の在職年数× 70 万円となります。

10　管理職が否定され750万円の支払い命令の判決も、名ばかり管理職トラブル

1．トラブルの概要

　飲食店を多く経営するA社では、業績悪化のため55歳以上の従業員に希望退職を募集しました。その対象者である店長（59歳、課長職）のBさんから、「管理職として、残業代などが支払われていないが、専門家に相談すると私は法律に定める管理監督者には当たらないらしいので、実際に残業した分と役職手当との差額を支払って欲しい」と請求がありました。会社では、顧問の弁護士や社労士に相談し、「名ばかり管理職事件」の結果などから問題があることが判明したため、Bさんと話し合い請求額の8割の金額を支払うことで解決することになりました。

2．トラブルの要因と対応例

（1）トラブルの要因

①　管理監督者に関する法律

　労基法第41条第2号では、「事業の種類にかかわらず監督若しくは管理の地位にある者」については、同法に定める労働時間・休日・休憩の定めは適用しないとされています。これが「管理監督者」に対しては、時間外手当（残業代）や休日手当を支払わなくてよいという法律の定めとされています。

② 管理職に関する裁判例や厚労省の通達

1 名ばかり管理職裁判

　2008年（平成20年）1月28日に、東京地裁において大手飲食チェーン店の店長が、管理職として残業代などを支給されないのは違法であるとして、未払い残業代などの支払いを会社に求めた事件で、店長は長時間勤務を強いられ、人事などの権限の範囲も狭く、賃金も役職下位の社員が高いケースがあることなどから管理職に当たらないと判断されました。その結果、残業代や付加金など約750万円の支払いを命じる判決がなされました。これは「名ばかり管理職事件」ともいわれています。

2 厚労省の通達

　前記の裁判の判決をうけ、厚労省では「多店舗展開する小売業、飲食業等の店舗における管理監督者の範囲の適正化について」と題する通達（平成20年9月9日基発第0909001号）を出しています。その中で、管理監督者を否定する重要な要素として、次のような趣旨を述べています。

ａ．採用に当たり、店舗に所属するアルバイト・パート等の採用（人選のみを行う場合も含む）に関する責任と権限が実質的にない場合

ｂ．解雇に当たり、その店舗に所属するアルバイト・パート等の解雇に関する事項が職務内容に含まれず、実質的に関与しない場合

ｃ．人事考課（昇給、昇格、賞与等を決定するため労働者の業務遂行能力、業務成績等を評価すること）の制度がある企業において、その対象となっている部下の人事考課に関する事項が職務内容に含まれず、実質的に関与しない場合

ｄ．労働時間の管理について、店舗における勤務割表の作成または所定時間外労働の命令を行う責任と権限が実質的にない場合

（2）A社の場合

①　課長から管理職に

　A社では課長職以上を管理職としており、Bさんも管理職とされていましたが、自店のアルバイト等の採用権限はなく、解雇や人事考課には一部関与することもあるものの、残業分として支払われている役職手当は、実際の残業時間等に比べて著しく低いものでした。顧問弁護士らは、これらの実態から管理監督者と主張することは難しいと判断しました。

②　36協定にも落とし穴が

　顧問社労士は、法定を超えた時間外労働などをする場合に、事前に労働者代表と締結し労基署に提出義務のある「36協定書」について、労働者代表を確認しました。労働者代表は、残業代を支給する対象者から選出することになっており、A社では課長職より上位の部次長が労働者代表なっていたため、Bさんが管理職でないという証拠となる可能性がありました。

3．対応の例

　A社では、管理職を課長から部長に変更することとし、部次長までは残業代などを支払うようにしました。さらに今後は、管理職の権限などについても検討することとなりました。

❸ ハラスメント編

11 合意したのにセクハラで慰謝料の支払いを命じられる、セクハラトラブル

1．トラブルの概要

　ホテルを経営するA社のハラスメント相談部署に、女性従業員Bさんから、「上司であるC部長から関係を強要されている」と、セクハラ被害の訴えがありました。相談部署の担当者は、Bさんの承諾を得たうえで、C部長から事情を聞いたところ、「自分は独身で、Bさんも同意して交際を始めたもので、セクハラではない」との回答でした。そこでBさんに再度事情を聴いたところ、「確かに交際はお互いの恋愛感情から始めたものの、関係が悪化した後にも交際を強要され、大きな心身のダメージを受けた」とのことでした。A社では早期解決を優先し、C部長に口頭での注意を行い事態の収束を図りましたが、納得のいかないBさんはC部長とA社に対し慰謝料の支払いを求め提訴し、A社が和解金を支払うことになりました。

2．トラブルの要因と対応例

（1）トラブルの要因

① ハラスメントの申出と基本的な対応の例

　1　安全や労働環境へ配慮義務

　　労契法第5条には「使用者は、労働契約に伴い、労働者がその生命、身体等の安全を確保しつつ労働することができるよう、必要な配慮を

45

するものとする」と定められています。これは、事業主などが従業員の安全や健康に配慮することを義務付けているもので、働きやすい環境をつくる「労働環境配慮義務」も含まれるとされています。

　② ハラスメントの申出への対応例

　　従業員から、会社や上司などにハラスメントの被害について申出があった場合には、それが事実かを確認しその申出に対して適切な対応をする必要があります。そのためには、まずは申し出た従業員と相手とされる従業員等の双方から、いきさつなどについて聞き取りや書面の提出を受け、事実を確認することになると考えます。もしも会社側がこれを放置したり、対応が甘いと判断された場合には、労働環境配慮義務違反などに問われる可能性が生じます。

② Ａ社の認識と対応の甘さなどが要因か

　① 認識の甘さから甘い対応に

　　Ａ社では、Ｃ部長が独身であり、Ｂさんも恋愛感情をもって交際したと話したことから、完全にプライベートなことであり、恋愛感情のもつれからセクハラ被害の申出があったとの認識を持ってしまいました。また、Ｃ部長は有能で、部下からの信頼もあることから、Ａ社ではなるべく穏便かつ早期に解決したいと考え、口頭注意の処分としていました。

　② 使用者の責任

　　男女雇用機会均等法第11条では、事業主がセクハラを防止したり、その他の体制を整備することなどを求めており、厚労省もその指針を示しています。前述の労働環境配慮義務など、使用者の責任を果たすことが重要です。

　　トラブルの要因は、Ａ社の認識や対応の甘さにあったと考えます。

（2）対応の例

①　事実確認と委員会での審査など

　A社では、ハラスメント相談部署がこれまで形だけだったことを反省し、専務を責任者とし、ハラスメントの事実が確認できた場合にはハラスメント委員会で更に徹底した事実確認と対応をとることにしました。

②　研修の実施やハラスメント防止規程の作成・周知

　さらにハラスメント防止規程を作成し、これらを教材にして管理職にはハラスメントに関する研修を実施し、また全従業員を対象とした専門家による講義を行い、ハラスメント防止の周知徹底をはかりました。

　男性側が強い権力を持っている場合には、たとえ合意があると主張しても、もしも女性側が報復等を恐れて逆らえないような関係であったと判断されると、セクハラが認定されかねないことに注意が必要と考えます。

12 上司のパワハラ・モラハラでうつ病になり退職、パワハラ等トラブル

1．トラブルの概要

　建設業のA社を自己都合退職した女性従業員のBさんから、「退職理由は、上司であったC課長から受けたパワハラなどが原因で体調を崩したためである」として、A社に賃金1年分の支払いを求める文書が届きました。A社では、上司であるC課長から仕事でミスを繰り返すBさんに対して、たびたび注意をしているとの報告を受けていました。そして、これ以上ミスをした場合には解雇を検討しようとしたときに、Bさんが自ら退職したためほっとしていました。しかしA社で調査した結果、Bさんから「C課長からたびたび叱責され、精神的に追い詰められている」と、課長の上司である総務部長が相談を受けていたにもかかわらず放置していた事実が判明し、A社はBさんに解決金を支払い、和解することになりました。

2．トラブルの要因と対応例

（1）パワハラ防止が義務化されトラブルも増加

①　パワハラ防止が法律で義務化

　2020年（令和2年）4月から、大企業に対するパワハラ防止義務が法律で規定され、2022年（令和4年）4月1日には全事業所において適用され、事業主はパワハラ防止の措置をとることが義務となります。

②　トラブルが増加し裁判も

　パワハラに関するトラブルは急増しており、裁判に発展するケースも

増えています。実際に 2020 年（令和 2 年）7 月 1 日には、東京地裁立川支部において、上司のパワハラにより適応障害を発症したとする訴えが認められ、事業主側に 100 万円の慰謝料の支払いを命じる判決が出されています。これは病院の事務課長が、上司である次長から「バカ」「子供以下」など度重なる叱責を受け、その内容が違法なパワハラに当たると裁判所が認定したものです。

③　仕事のミスの注意など、正当な場合にはパワハラに当たらない

　部下が、担当している仕事においてミスを繰り返した場合に、注意を与え改善を求めることはパワハラではありません。中には、上司が業務の指示をすると「あなたの指図は受けない」と部下がこれを拒み続けたことから、就業規則の服務規律の「上司の指示に従い、正当な理由なく反してはならない」という規定に反するとして、今後このようなことがあった場合には、厳しい懲戒を受けても異議を述べないという始末書を提出させた例もあります。根拠があり、適切な注意や懲戒はハラスメントではないわけです。

④　A社の場合

　A社の調査で、C課長がBさんがあまりにミスが多いので、「あんた辞めた方がいいよ」などと発言したり、怒鳴るなどしていたことが判明しました。本来であれば、Bさんからの相談を受けた総務部長が会社に伝え、使用者側として事実確認を行い、それが事実であればC課長に注意を与えるなどの対応が考えられます。そのうえで、Bさんのミスについて、改善の指導をしていくことが必要であったと考えます。

（2）対応の例

　A社では、新たにハラスメントに関する相談窓口を設け、就業規則にはパワハラなどハラスメント禁止を新たに規定しました。そして、相談窓口の設置と意義、秘密厳守や就業規則の変更を、全従業員に周知しました。

13　育休の申請をしたら会社が退職を強要、従業員は労働局へ、マタハラトラブル

1．トラブルの概要

　A社は飲食業を営んでいます。ある日1年更新の雇用契約で勤務して3年になる女性アルバイトのBさんから、A社の担当者に「妊娠したので出産後には育児休業を取りたい」と申出がありました。A社の担当者はBさんに「当社では、アルバイトに育児休業を適用しないことになっており、どうしてもというなら退職してもらうしかない」といい、申出を取り下げるよう説得しました。Bさんは何もいわず帰り、翌日になると労働局の雇用環境・均等部から、「Bさんの育児休業の取得に関してお話を聞きたいので、こちらに来て欲しい」と電話がありました。慌てたA社の担当者はすぐに顧問社労士に相談し、顧問社労士が労働局の担当者と話をして、A社から「Bさんに育児休業を取得させる」という趣旨の上申書を提出することで、労働局への出頭は免れました。

2．トラブルの要因と対応例

（1）トラブルの要因

①　アルバイト、パートにも原則として育児休業の適用が

　従業員は、原則として1歳に満たない子を養育する場合に、事業主に申し出て、育児休業をすることができます。ただし、期間を定めて雇用される従業員は、次の各号のいずれにも該当することが必要とされています。

1　育児休業の申出のときに、入社して1年以上経過していること
　※ 2021年（令和3年）の通常国会で改正が承認された場合には、この要件は削除される予定
2　養育する子が1歳6カ月に達する日までに、その労働契約が満了することが明らかでない者（雇用契約書で、次回の更新をしないことで合意している場合など）

②　A社の理解不足などが要因

　前記①に照らしてみると、3年勤務しているBさんは入社して1年以上経過しており、またA社との雇用契約は契約を更新しないことで合意しておらず、前記①のどちらにも該当せず、育児休業を取得できることになります。育児休業の取得に消極的になるA社の事情は理解できるものの、法違反となります。

　また、A社の担当者がBさんに退職を示唆したことは、育児・介護休業法（以下「育介法」）第10条の「事業主は、労働者が育児休業申出をしたことを理由として、当該労働者に対して解雇その他不利益な取扱いをしてはならない」（趣旨）に反することにもなります。

③　違反した場合

　A社が労働局の雇用環境・均等部から、呼び出しを受けたのは、「育児休業法に関して必要がある場合に、事業主に報告を求め、又は助言、指導若しくは勧告をすることができる」という育介法の規定に基づくものです。また同法では、罰則や企業名公表の制度が規定されており、さらに行政に虚偽の報告や報告を怠った事業主には最大20万円の過料を科し、勧告に従わない場合は企業名を公表することができる、とされています。

　また、育児休業の取得等に伴う苦情・紛争について、都道府県労働局長による紛争解決の援助および調整委員による調整制度も設けられており、労働者が申し出ることができることに注意が必要です。

（2）対応例

　A社では、顧問社労士から法律の内容や、労使とも社会保険料が免除されることで負担がないことなどを知り、そのアドバイスを受け、育児休業制度について法律に基づいて定め、労働者代表との間で育児休業を適用しない従業員について労使協定を締結し、適用の例外などについても明確にしました。

14 「それはハラスメントです」、何でもハラスメントの「ハラハラ」トラブル

1. トラブルの概要

　製造業のA社で、営業担当者として2カ月前に採用した従業員Bさんが1人で取引先に打合せに行き、報告もなく自宅へ直帰したそうです。上司が夜7時半頃にメールで「終業時間後で申し訳ないが、打合せの内容を教えて欲しい」とメールすると、Bさんから、「就業時間外に報告を求めるのは、プライバシーの侵害であり、パワハラだ」と抗議のメールがあったそうです。上司から報告を受けたA社は、就業規則で直帰は上司の承諾が必要と規定しており、上司への連絡・報告義務に反していることを書面で渡し、注意を与えました。ところがA社の担当者が注意している間、Bさんは「これはパワハラに当たるので、証拠を残し弁護士に相談する」といってスマホで動画撮影を始めたそうです。しかし、Bさんはなぜか翌日から出勤しなくなり、その後Bさんから「貴社は私に必要以上の負担を強いている。退職願いは提出しないが今後は出勤しない」とメールがあり、A社ではほっと胸をなでおろしたそうです。

2. トラブルの要因と対応策

(1) トラブルの要因

① ハラスメントハラスメント（通称：ハラハラ）について

　ハラスメントには、セクハラやパワハラなど50以上もあるとする意見もあり、その中でハラハラは、自身が「嫌だ、不快だ」と思った、第三者からの言動について、「ハラスメントだ」と過剰に主張するもので、嫌がらせ行為に当たるといわれています（引用：人事のミカタ）。

② 自身のミスを責任転嫁することも増加傾向に

　　自身が、上司などから理不尽なことで怒られたり、暴力をふるわれるなどパワハラに遭い本当に困ったときに、会社に相談や申出をすることは重要なことです。しかし、自分のミスを指摘され注意を受けているにもかかわらず、これを「パワハラである」と主張したり、責任を認めないばかりか、上司や会社が悪いと、論理のすり替えや責任転嫁と思えるような主張が見られることもあります。

③ A社の場合

　　A社がBさんを採用したのは、専務が知り合いの会社社長の紹介を受けたからだったそうですが、面接の際にBさんは「私は能力があるので、他人からひがまれることが多く、よく仕事の邪魔をされることが多いのです」と話していたそうです。同席した部長は採用に反対したそうですが、専務が紹介者への配慮から採用を決めたそうです。現場の意見を聞くことも大切であったと考えます。

（2）対応の例

　　A社では、採用面接を部長面接、役員面接の2回行い、それぞれの面接担当者の合議で採用の可否を決めることとし、採用決定を慎重に行うことにしました。また、就業規則にはセクハラとパワハラの禁止しか規定されていなかったため、それ以外のハラスメント行為を禁止することを付け加えました。さらに、①ハラスメントの虚偽申告の禁止や、②ハラスメントに関する報告を求められた場合には、会社からの指示に従うこと（ただし、申出人や事情を知る人が報告することで、被害が拡大する可能性がある場合などには会社に事情を申告し、会社は配慮すること）を加えました。

　　そして、ハラスメントの定義に、部下から上司、役員への行き過ぎた言動も含まれ、感情的な言動や相手を攻撃するような言動、相手を侮辱するような言動を禁止することについても新たに規定しました。

❹ 解雇編

15 採用３日目で解雇したら「１カ月分の賃金を払え！」と要求、試用期間トラブル

1．トラブルの概要

　建設業を経営しているＡ社では、20代の男性Ｂさんを６カ月契約のアルバイトとして雇用しました。しかし、Ｂさんは勤務初日から建設現場の禁煙の場所でタバコを吸って注意されたり、仕事の指示をすると反抗的な態度を取るなど、問題がありました。さらにＢさんは、翌日、翌々日は禁止されている車で出勤をして路上に駐車するなど、ルールを守らないため、Ｃ部長は「決められたことが守れないのなら、今すぐ会社を辞めてくれ」といい、Ｂさんはそのまま帰宅してしまいました。数日後にＢさんから「解雇されたので、解雇予告手当30日分を支払って欲しい。支払わない場合には労基署に相談する」と請求の手紙が届きました。Ａ社が労基署に相談したところ、すでにＢさんから相談を受けていた労基署からは支払い義務があると指摘され、30日分の解雇予告手当てを支払うことになりました。

2．トラブルの要因と対応例

（1）試用期間と解雇予告手当

① 試用期間の意義

　試用期間は、従業員を採用した場合に直ちに本採用とするのではなく、一定の期間を設け、会社としてはその期間中に勤務態度や能力、技能、

性格、適性等を観察・評価して、本採用するかどうかを決定するものです。また従業員としても、その会社が自身に適合するかを見極める期間ともいえます。試用期間は、従業員として不適格と認められる合理的な理由があれば、試用期間中や試用期間満了時に解雇することが可能な期間でもあり、「解約権留保付本採用契約」の期間といわれています。

② 解雇予告手当の支払いと適用除外

⚊1 解雇予告手当の支払い義務

今回の件は、C部長がBさんに明確に解雇を告げたといえます。労基法第20条では、解雇予告手当が規定され、解雇する場合には原則として30日前に予告するか30日に足りない日数分の解雇予告手当を支払うことが求められています。

⚋2 解雇予告手当の例外

解雇予告手当については、天災事変でやむを得ない場合などや、就労形態による例外を労基法第21条で定めており、日雇いで働く労働者や契約期間が2カ月以内の有期契約で働く労働者、季節的業務に4カ月以内の有期契約で働く労働者の他に、試用期間を設け14日以内に解雇する場合等には、解雇予告手当の支払いの対象から外れています。

③ 試用期間を設けなかったことなどがトラブルに

A社では、正規従業員には3カ月の試用期間を設けていましたが、Bさんがアルバイトであったために試用期間を設けておらず、採用から3日目の解雇であったにもかかわらず、解雇予告手当の支払いを請求されたものと考えます。

ただし、試用期間中で採用から14日以内の解雇であっても、社会通念上合理的な解雇事由は必要であり、「不当解雇」とならないよう注意が必要です。

（2）対応の例

　A社では、アルバイト従業員など非正規雇用者にも試用期間を原則2カ月設けることとし、さらに解雇事由（試用期間中の解雇を含む）について、就業規則や雇用契約書に明記することにしました。また今回の件では、Bさんに対して口頭で注意しただけであり、いきなりの解雇は不当であると主張される可能性があり、もしもトラブルが大きくなれば、30日分の解雇予告手当だけではなく雇用契約期間である6カ月分の賃金の支払いを請求される可能性もあったと考えます。Bさんとのトラブルが解雇予告手当の支払いだけで済んで良かった事例といえると考えます（関連としてP.58事例⓰を参照）。

16 「能力不足で我慢の限界」と解雇、従業員は不当解雇と撤回を要求のトラブル

1．トラブルの概要

　サービス業を営むA社では、営業は未経験であるBさんを、1年前に営業職として採用しました。Bさんは、採用当初から連絡ミスや報告漏れが多く、先輩や上司である部長のCさんに迷惑をかけたり、それにより会社に損害を与えることもありました。そのたびに、C部長がBさんに口頭で注意をしていました。ある日も、BさんはC部長と一緒に取引先との打合せに行った際に、大切な資料を忘れてしまい打合せができず、しかもC部長に謝罪をする様子もありませんでした。これに激怒したC部長は、「もう我慢の限界だ。君は社長に話してクビにしてもらう」といいA社長に報告し、A社ではBさんに解雇を告げました。しかし、Bさんは「口頭で注意は受けていたが、いきなり解雇は不当だ」として撤回を要求し裁判の提起を示唆したため、A社はBさんに2カ月分の賃金を支払うことで和解し、Bさんは退職することとなりました。

2．トラブルの要因と対応策

（1）能力不足による解雇は慎重に行う必要が

① 解雇に関する法律の定め

　労契法第16条では、「解雇は客観的に合理的な理由を欠き、社会通念上相当であると認められない場合は、その権利を濫用したものとして、無効とする」と定められています。つまり、解雇に関して客観的に合理的な理由と社会通念上相当な理由が欠けている場合は、「不当解雇」と

指摘される可能性が生じることになると考えます。

② 解雇には事実と教育の努力、根拠と程度も重要に

前記①から考えると、解雇は単に「能力が不足しているから」、「何度注意しても直らない」からといってできるものではないと考えます。まずは、著しく能力が欠けている場合には、本人が改善できるように事業主が教育や指導を行うなどの努力をすることが必要と考えます。さらに、就業規則や雇用契約書などに解雇事由として、「能力が著しく劣り改善が見られない場合」などと定める根拠も重要であり、そのうえで改善の見込みがなく、雇用を続けることが会社の損失にもつながりかねないため解雇せざるを得ないという処分の程度が必要になると考えます。特に、従業員が生活の糧である仕事を失う解雇については慎重に行うべきであり、ケースごとに適切な判断が求められると考えます。

③ Ａ社の場合

Ａ社では、Ｂさんが失敗をするたびに口頭で何度も注意はしていたようですので、Ｂさんの能力が劣るという事実はあるようです。しかし、営業未経験者のＢさんが改善できるように指導や研修など教育の努力をしておらず、口頭注意だけで減給や出勤停止など段階的な処分を踏まず、突然の解雇は処分の程度が重すぎるといわれかねないものと考えます。

（２）対応例

Ａ社では、未経験の職種に就かせる場合には研修を行うこととし、失敗をした場合には上司が本人と失敗の原因について一緒に考え、改善できるようアドバイスし、それらの記録を取ることにしました。また人事考課を取り入れ、個人目標の申告と自己評価、上司や担当責任者の評価を実施し、最低評価の場合には再教育し、それでも最低評価が続く場合に、解雇するかを慎重に検討し結論を出すことにしました。

17 「業績悪化で解雇します」、突然の発表に従業員は猛反発、整理解雇トラブル

1．トラブルの概要

　製造業のＡ社では、新型コロナの影響もあり業績が悪化し、今後の対応について役員会を何度も行いました。その結果、「人員整理もやむをえない」として、従業員のうち賃金の高い50歳代の従業員を中心に、従業員の20％を整理解雇することに決定しました。決定した翌週に、Ａ社では全従業員を集め整理解雇の実施を通告し、担当責任者になった専務が解雇対象の従業員と面談を始めました。突然の発表に従業員は猛反発し、解雇対象でない従業員を含めて、管理職以外の全従業員が整理解雇反対の署名を行い、Ａ社社長に提出しました。Ａ社では役員会を開き、想定外の従業員の反発に一旦は整理解雇を撤回することになりました。

2．トラブルの要因と対応例

（1）整理解雇の基本

①　整理解雇の意義

　整理解雇とは、経営上の必要性（業績悪化による人員削減等）により、使用者からの一方的な意思表示によって労働契約を終了させるものといえます。

②　整理解雇の4要件

　業績悪化により整理解雇する場合には、原則として4つの要件（要素）が必要であるとされています。

① **人員削減の必要性**として、企業が業績悪化により倒産の危機にある場合など客観的に高度の経営危機下にあること。

② **解雇回避努力**として、解雇以外の手段を用いてできるだけ解雇を回避する措置をとっていること。具体的には、まずは役員報酬の減額や時間外労働等の抑制、経費の節減などにより、従業員を解雇する前に様々な対応を行うことをいい、これには希望退職者の募集なども含まれます。

③ **解雇基準の合理性**として、公平な人選であること。会社への貢献等が低い従業員や、年齢、勤続年数、勤務成績、扶養家族の有無など解雇された場合の影響等、正規従業員か非正規従業員か身分、その他を考慮すること。

④ **手続きの相当性**として、労働者に対する個別的説明や協議を行うことや、労働組合がある場合には協議を行うことなど、丁寧かつ誠実な説明を行うこと。

（2）対応の例

A社では、整理解雇の実施に当たり基本的な要件を満たしていないことを反省し、撤回しましたが、このような場合には従業員のモチベーションが著しく低下し、業務運営が沈滞化したり、有能な従業員が退職することもあります。

A社では、整理解雇をしないでないで済むよう主要銀行からの融資を取り付け、資金を調達し、従業員に対しては経営状況など情報の開示を進め、今後の経営方針について従業員を含めて話し合うなどコミュケーションをとることとし、経営再建に努力することになりました。やむを得ず、整理解雇を検討せざるを得ない状況になってしまった場合には、スケジュールを構築し、事前に希望退職を募り、その後に4要件を基本としながら進めるなど、事前に総合的な検討・判断が重要になると考えます。

コラム　4要件がなくてもやむを得ず整理解雇も

　　整理解雇においては、前記の4要件が基本となりますが、逼迫した経営状況になり金融機関から融資を至急受けられないと明らかに倒産してしまう場合など時間的な余裕がないケースがあります。その場合には、解雇回避努力などがなくても整理解雇が認められると考えられ、4要件が必ずしも必要でない場合があります。

18 うつ病で３カ月間休職、復職したその日に「解雇」、休職後の解雇トラブル

1．トラブルの概要

外資系の販売業のＡ社に勤務するＢさんは、カスタマーセンターのリーダーとして販売先企業や個人購入者からの問合せや苦情に対応していました。しかし、昨今は強烈な言動で苦情を申し立てるクレーマーのような購入者もおり、Ｂさんは精神的なダメージが重なりうつ病と診断され、休職することになりました。その後Ｂさんは、Ａ社から指示された主治医と会社の産業医からの「通常の勤務が可能である」という診断書を提出し、復職することになりました。しかしＢさんは、復職した日にＡ社の人事担当者から別室に呼ばれ、過去の失敗を羅列され、解雇を言い渡されました。大きなショックを受けたＢさんは、主治医から「復職したその日に解雇を言い渡され、精神的なショックを受け、うつ病を再発した」との診断を受け、弁護士を代理人として、Ａ社と交渉し和解金を受け取り退職することになりました。

2．トラブルの要因と対応例

（1）トラブルの要因

① メンタルヘルス不調者への対応など

労働者のメンタルヘルス不調（以下「不調者」）が増加し、厚労省では2006年（平成18年）3月に「労働者の心の健康の保持増進のための指針」を公表し、その後も改定され、事業主に従業員がうつ病などのメンタル不調にならないような職場づくりをすることを求めています。さらに、もしも不調者が発生した場合には早期の対応をするなど、従業員の心身の安全や健康の確保への配慮を求めています。その後、労契法が2009年（平成

21年）3月に成立し、第5条で事業主の安全配慮義務が明文化され、労働者がその生命や身体の安全を確保しながら労働することができるよう、事業主などが配慮する義務が規定されました。

②　休職や復職に関する注意点

労働者が、メンタルの不調やその他の病気等により長期欠勤し、休職する例が年々増加しています。休職や復職に関しては、就業規則の作成義務のある事業所（パート等を含めて常時10人以上の従業員がいる事業所）では、休職事由や休職期間、休職期間が満了しても復職できない場合などについて、内容を検討し規定することが必要と考えます。

また復職についても、医師からの「復職可能」の診断書を提出させ、最終的に事業所が復職の可否を決定することなどについて記載しておく必要があると考えます。就業規則の作成義務のない事業所においても、休職や復職などに関する事項を定め、従業員に周知しルールを明確にすることなどが重要と考えます。

③　A社の場合

A社では、Bさんに主治医とA社産業医の受診を求め、さらに「通常の勤務が可能である」と記載した診断書を提出させました。これは、病気に関して判断ができる専門家が医師であるためで、復職の判断については適切な対応と考えます。しかし、復職の日に解雇を告げることがうつ病だったBさんに精神的なダメージを与えないかを考慮すべきであり、実際にBさんはうつ病を再発することになりました。これは労契法の安全配慮義務に違反していると指摘される可能性があり、Bさんは解雇を告げられたことで精神的に著しい負担を受けたとして、労災申請も検討したほどでした。

（2）対応の例

A社では、メンタルの不調やその他の病気等で休職した従業員が復職した場合には、仕事への復帰を優先し精神的なダメージを与えないよう配慮することとし、懲戒についても慎重に行うこととしました。

19 「担当部署が他社に吸収されるので、解雇します」、会社分割を巡るトラブル

1. トラブルの概要

　A社は資本の異なるB社と共に新たに関連会社を設立し、A社の一部門を新会社に統合する「会社分割」を行うことになりました。A社では、新会社に引き継ぐ部門のC部署が赤字であり、これを機会にC部署の従業員を解雇することにしました。そのためA社ではC部署の従業員に、「会社分割を行うことになり、C部署が廃止されるため皆さんを解雇せざるをえなくなった」と対象従業員に説明しました。しかし一部の従業員から、「会社分割に関する法律に反するのではないか」と猛抗議を受けることになりました。A社は会社分割について相談している弁護士に相談し、法違反になる可能性があることを指摘されたため、C部署の従業員の解雇を取り消さざるを得なくなりました。

2. トラブルの要因と対応例

（1）会社分割と基本的なルール

① 会社分割の趣旨など

　会社分割は、2000年（平成12年）の商法等の改正により創設されたM＆Aの手法の一つであり、会社の事業の一部または全部の事業を分割させて、別の会社に移転することといえます。会社分割には大きく2つあり、分割した事業を新しく設立した会社に承継する「新設分割」と、会社の一部の事業または全部の事業を既存の他企業に引き渡す「吸収分割」があります。

②　会社分割が活用される理由

　会社分割は、原則として現金ではなく株式での支払いができるため資金がなくても実行可能なことや、事業の単位でM＆Aができ柔軟性や効率が良いことなどから生産性の低い事業を切り離したり、逆に不得意な事業を吸収して更なる発展を目指すなど、企業再編等に活用できるとされています。

　例えば共同新設分割として、全く異なる2社以上がそれぞれの得意分野の事業について分割し新設会社に承継したり、グループ企業の親会社と子会社から、それぞれ一部事業を切り離し、新設会社に引き継ぐといったケースもあります。

③　労働契約の承継等に関する法律とA社の問題点

　厚労省は、2016年（平成28年）8月に「会社分割に伴う労働契約の承継等に関する法律の概要」を公表しました。それによると、会社分割に際しては労働者への通知（労働組合がある場合には労働組合への通知）や、労働者の理解や協力を得る手続きをとることなどを求めています。また、会社分割に当たっては、それを理由として一方的な労働条件の不利益変更を行ってはならないとされ、原則として対象労働者の同意が必要とされています。

　さらに、会社は会社分割のみを理由に、労働者を解雇することはできないとされており、A社が「会社分割により、C部署が廃止されるためC部署の従業員を解雇する」ということは原則として認められず、会社分割そのものが認められない可能性も生じかねません。

（2）対応の例

　A社では、C部署の従業員に関する解雇を取りやめ、吸収される部門の全従業員を新会社に承継させることにしました。これにより、承継される部門の従業員の同意を得ることができ、スムーズに会社分割を終わらせることができました。

20 「60歳定年後は再雇用しません」、60歳後の再雇用トラブル

1. トラブルの概要

ＩＴ関連のＡ社では、Ｂさんが初めて60歳の定年を迎えることになりました。Ｂさんは、定年後にも嘱託として再雇用されることを希望していました。しかし、Ａ社では20代から40代の従業員が主流であり、Ｂさんには定年で退職してもらいたいと考え、Ｂさんに「会社の活性化のために継続雇用できない」と告げました。Ｂさんは、「法律では、希望があれば継続して雇用することとされており、法律違反である」と反発しました。Ａ社では顧問社労士に相談し法的に問題があることを理解したものの、これまでのＢさんの勤務状況に問題があるとして、継続雇用の希望を拒否するすることとしました。これに納得しないＢさんは、紛争調整委員会に斡旋の申請を行い、Ａ社ではＢさんの退職金に100万円を上乗せすることで、斡旋を行わずＢさんは退職することになりました。

2. トラブルの要因と対応例

（1）法律や統計

① 法律が求める3つの選択肢とポイント

高年齢者雇用安定法（以下「高年法」）では、65歳までの雇用を確保するために、原則として次の3点のうちいずれかの措置を求めています。

1 **原則65歳までの継続雇用制度の導入**…65歳までの勤務延長制度または定年に達した者をいったん退職させた後に嘱託などとして再雇用する制度のいずれを選択することとなります。

② 　**65 歳定年の導入**…定年を 65 歳とするもので、これにより事業主は 65 歳定年になるまでは原則として雇用義務が生じます。

③ 　**定年の定めの廃止**…定年自体を廃止するもので、これにより本人が希望すれば、原則として年齢に関係なく雇用を続けることになります。

② 統計からみる高年齢者（60 歳以上）の雇用状況

職業安定局が公表した、2019 年（令和元年）6 月 1 日現在の「高年齢者の雇用状況」（従業員 31 人以上の企業約 16 万社への調査）では、65 歳までの雇用確保措置をとる企業は 99.8％となっており、ほぼ全社が導入しているということができます。

③ 継続雇用の例外

高年法では継続雇用しない要件として、健康上の問題から業務に堪えられない場合、または就業規則に定める解雇事由や退職事由に該当する場合には、継続雇用しないことができるとされています。

④ 継続雇用制度と注意点など

60 歳定年に当たり、継続雇用制度を導入する企業が最も多くなっています。継続雇用の中でも、正社員から嘱託などに身分を変え、1 年間など雇用契約期間を定め、賃金など労働条件を変更する再雇用制度を多くの企業等で導入しています。

A社では、会社の活性化という、法律で認められていない理由で再雇用を拒否したために、法違反を指摘されることになったといえます。もしも高年法に反した場合には、厚生労働大臣がその企業に必要な指導および助言をすることができるとされ（高年法第 10 条）、勧告に従わない場合には社名公表やハローワークでの求人の不受理や助成金の申請を受理されない可能性が生じることもあります。

（2）対応の例

　A社では、Bさんが斡旋を申請した理由が、原則として65歳までの雇用が求められるという法律に反したことによると認識し、今後は法律どおり対応するよう、就業規則を改定しその内容に即して対応することになりました（斡旋については、P.39事例**9**参照）。

21 解雇した従業員が寮に一部の荷物を放置、処分したら賠償請求、残留物トラブル

1．トラブルの概要

　製造業のA社では、独身寮として賃貸マンションを借り、採用した独身社員に3年間を限度に使用させています。Bさんは、営業担当者として3カ月前に採用され、A社の独身寮に入りましたが、採用当初から問題が多くA社では解雇することにしました。A社がBさんに、30日後に解雇することと勤務しなくても30日分の賃金は支払うことを告げると、Bさんは翌日に大きな荷物は引き上げ、出社しなくなりました。しかし、小さな段ボールを数個残したままで、部屋の明け渡しの期日が来ても放置されたままでした。A社の担当者がBさんの母親に荷物の引き取りを依頼しましたが拒否されたため、A社の担当者がBさんが残した荷物を確認すると貴重品は無いようなので処分してしまいました。するとその翌日にBさんがA社に現れ、処分された段ボールの中身は友人から借りた物であり、賠償金として50万円を支払えと請求しました。A社はBさんと話し合い、10万円を支払い解決することになりました。

2．トラブルの原因と対応例

（1）残留物の処分は慎重に

① 入寮の際に誓約書の提出と保証人をつける

　会社が所有または賃貸を受けた建物や部屋を、寮などとして従業員に居住させる場合に、従業員が荷物を残したまま所在が不明になることがあります。トラブル回避のために例として次のような対策をとることが

考えられます。

1　誓約書の提出

　　寮などに住まわせる前に、居住のルールを守ることや、引き渡し期限後の残留物については所有権を放棄すること、会社が緊急などと判断した場合には、会社関係者が部屋に入ることを承諾すること（P.72コラム参照）などを記載した誓約書の提出をさせることが考えられます。

2　保証人をつける

　　寮などに従業員を居住させていた場合に、従業員が荷物を残したまま所在が不明になり、処分について悩む事例は少なくありません。まず、居住する前に保証人をつけてもらい、居住のルールを守らせることや行方不明になった場合の荷物の引き取り、会社が立て替えた賃料などの支払い、その他について保証してもらうことが考えられます。

②　残留物の処分例

　　ある会社では、寮の残留物について担当者が2人で動画を撮影し、貴重品等が無いことの確認や、残留物のリストを作ったうえで倉庫に数カ月保管し、それでも取りに来ないため、処分したという例があります。しかし、これはあくまでも一例ですので、それぞれのケースに適した対応をしない場合にはトラブルになる可能性がありますので、注意が必要です。

（2）対応の例

　A社では、「独身寮などに関する規程」を作成し遵守事項などを明記し、入寮誓約書の提出と保証人を義務付けることにしました。

コラム　転貸でも勝手に入ると不法侵入の可能性が

　ある会社で、自社が賃貸を受けるマンションに住まわせていた従業員が、部屋のドアに「今日から7日間有給を取ります。部屋に勝手に入った場合には、不法侵入として警察に通報します」と張り紙をして仕事に来なくなったそうです。会社が賃借人でその従業員に転貸しているとはいえ、転貸でも居住権は従業員にあり、本人の承諾なく会社関係者が勝手に入ると不法侵入とされる可能性は否定できないようです。

❺ 働き方改革

［1］ 同一労働同一賃金編

　本編では、同一労働同一賃金に関する最高裁の判断や厚労省のガイドライン、指針を基にトラブル事例を想定し、対応例の一つを示したものです。

　あくまでも一例に過ぎないため、具体的な判断や対応はそれぞれの事案で異なりますので、ご注意ください。

22	「同じ労働時間なら非正規にも同じ賃金を払え」、同一賃金請求トラブル

1. トラブルの概要

　青果卸売業のＡ社は、正規従業員5名（営業3名、事務職2名）、市場内の配達アルバイト5名の会社です。ある日、毎日勤務するアルバイトのＢさんから「最近、国からガイドラインが出され、毎日働くアルバイトにも正規従業員と同じ賃金を払うようにすべきとされているようなので、正規従業員と同じ金額にして欲しい」という要請がありました。Ａ社の事務担当者がＢさんに詳しく話を聞いたところ、どうやら厚労省が出した同一労働同一賃金ガイドライン（以下「ガイドライン」）のことだとわかりました。Ａ社がガイドラインについて調べたところ、正規従業員とアルバイトの仕事などに違いがあれば、同一労働とはいわないことがわかり、Ｂさんに説明しましたが、「少しは時給を上げて欲しい」と請求があり、これを断ると退職してしまいました。

2．トラブルの要因と対応例

（1）トラブルの要因

① 同一労働同一賃金に関する法律が 2021 年4月から全事業所に適用

同一労働同一賃金に関する法律が、2020 年（令和2年）4月に大企業に対して適用され、2021 年（令和3年）4月からはその他の全事業所に適用とされることになります。

同一労働同一賃金に関する法律には、主にパートタイム・有期雇用労働法や労働者派遣法（いずれも略称）があります。

② 同一労働同一賃金の趣旨や重要な法律

● 関連する法律とポイント
《パートタイム・有期雇用労働法》

同一労働同一賃金に最も関連する法律として、労契法第20条とパートタイム労働法がありました。しかし、2020 年（令和2年）4月よりパートタイム労働法がパートタイム・有期雇用法に名称変更され、さらに労契法第 20 条の規定内容を引き継いだことなどにより、労契法第 20 条は廃止されました。パートタイム・有期雇用法では、改正法第8条で不合理な待遇差の禁止が、改正法第9条で差別的取扱いの禁止が定められ、ますます同一労働同一賃金の重要な法律となりました。

③ 同一労働同一賃金の基本的な考え

同一労働同一賃金とは、「単に同じ仕事イコール同じ賃金」などということではなく、次の4点について検討して判断すべきとされています。

1．職務の内容（同じ職種や内容等を担当しているかなど）
2．責任の範囲（部下等の指導や会社や顧客などへの責任など）
3．人事異動とその範囲（部署変更や転勤など）

　4．その他の事情の有無（正社員転換の有無など）

　これらを検証し同一である場合に、正規と非正規という雇用形態の違いだけで待遇差があることは「不合理な待遇差の禁止に反する」いう考えといえます。そのため、今回のＢさんのように労働時間が単に正規従業員と同じという理由だけで、同じ賃金額を請求することには無理があると考えます。

④　厚労省のガイドラインと同指針

　厚労省では、2016 年（平成 28 年）12 月 20 日に「同一労働同一賃金ガイドライン案」を公表し、同一労働同一賃金の実現に向けて基本給や諸手当などに関して基本的な考え方等を示しました。

　また、2018 年（平成 30 年）12 月 28 日に、「同一労働同一労働同一賃金ガイドライン」（短時間・有期雇用者及び派遣労働者に対する不合理な待遇の禁止等に関する指針）を発出し、最終的なガイドラインの概要などを示しました（P.76 別紙「同一労働同一賃金ガイドライン」参照）。

（２）対応の例

① 　Ｂさんの業務等の現状

　Ａ社で確認すると、Ｂさんの所定労働時間は正規従業員と同じですが、アルバイトのみが行う市場内の配達を担当しており、職務の内容は正規従業員と全く異なります。また、正規従業員に課されている責任の範囲も違い、職務変更や人事異動もなく、とても同一労働とはいえない状況でした。

② 　Ｂさんへの説明と他の従業員の現状把握

　Ａ社では、Ｂさんに同一労働同一賃金の基本的な考えや、国のガイドラインの趣旨などを説明し、理解を得ることができました。

別　紙　「同一労働同一労働同一賃金に関するガイドライン」の概要（短時間・有期雇用者及び派遣労働者に関する不合理な待遇の差に関する指針）に関するポイントなど

1．基本給が、労働者の能力又は経験応じて支払う場合や、業績又は成果に応じて支払う場合、勤続年数に応じて支払う場合において、その趣旨・性格に照らして違いがなければ同一、違いがあれば応分の支給をしなければならない。

　　昇給について、勤続による能力の向上に応じて行う場合は、同一または応分の昇給を行わなければならない。

2．賞与は、会社の業績などへの貢献に応じて支給する場合には、同程度の貢献をした労働者に対しては同一の、違いがある場合には応分の支給をしなければならない。

3．役職手当は、役職の内容に対して支給するものについては、同一の内容の役職には同一の、違いがあれば違いに応じた支給を行わなければならない。

4．同一の支給を行わなければならない手当

　　特殊作業手当（業務の危険度又は作業環境に応じて支給される）、特殊勤務手当（交替制勤務などに応じて支給される）、業務の内容が同一の場合の精皆勤手当、時間外労働手当の割増率（正社員の所定労働時間を超えて同一の時間外労働を行った場合に支給される）、深夜・休日労働手当の割増率、通勤手当・出張旅費、食事手当（労働時間の途中に食事のための休憩時間がある場合）、同一の支給要件を満たす場合の単身赴任手当、地域手当等（特定の地域で働く労働者に対する補償として支給する）については、同一の支給を行わなければならない。

5．食堂、休憩室、更衣室といった福利厚生施設の利用、転勤の有無等の要件が同一の場合の転勤者用社宅、慶弔休暇、健康診断に伴う勤務免除・有給保障については、同一の利用・付与を行わなければならない。

6．病気休職については、無期雇用の短時間労働者には正社員と同一の、有期雇用労働者にも労働契約が終了するまでの期間を踏まえて同一の付与を行わなければならない。

7．法定外の有給休暇その他の休暇であって、勤続期間に応じて認めてい

るものについては、同一の勤続期間であれば同一の付与を行わなければ
ならない。特に有期労働契約を更新している場合には、当初の契約期間
から通算して勤続期間を評価することを要する。
8．教育訓練であって、現在の職務に必要な技能・知識を習得するために
実施するものについては、同一の職務内容であれば同一の、違いがあれ
ば違いに応じた実施を行わなければならない。

●正社員とパートタイム労働者・有期雇用労働者との間で賃金に相違があ
る場合において、その要因として賃金の決定基準・ルールの違いがある
ときは、「正社員とパートタイム労働者・有期雇用労働者は将来の役割
期待が異なるため、賃金の決定基準・ルールが異なる」という主観的・
抽象的説明ではなく、賃金の決定基準・ルール相違は、職務内容、職務
内容・配置の変更範囲、その他の事情の客観的・具体的な実態に照らし
て、不合理なものであってはならない。
●定年後に継続雇用された有期雇用労働者についても、パートタイム・有
期雇用労働法が適用される。有期雇用労働者が定年後に継続雇用された
者であることは、待遇差が不合理であるか否かの判断に当たり、その他
の事情として考慮されうる。様々な事情が総合的に考慮されて、待遇差
が不合理であるか否かが判断される。したがって、定年後に継続雇用さ
れた者であることのみをもって直ちに待遇差が不合理ではないと認めら
れるものではない。

【ガイドラインについて】
○このガイドラインは、正社員（無期雇用フルタイム労働者）と非正規雇
用労働者（パートタイム労働者・有期雇用労働者・派遣労働者）との間で、
待遇差が存在する場合に、いかなる待遇差が不合理なものであり、いか
なる待遇差は不合理なものでないのか、原則となる考え方と具体例を示
したものである。
○このガイドラインに記載ない、退職手当、住宅手当、家族手当等の待遇
や、具体に該当しない場合についても、不合理な待遇差の解消等が求め
られる。このため、各社の労使により、個別具体の事情に応じて待遇の
体系について議論し決定することが望ましい。

23 「契約社員にも賞与を支払え」、賞与トラブル

1．トラブルの概要

　広告代理店のＡ社では、正規従業員の他に契約従業員とアルバイト従業員がいます。正規従業員には年２回の賞与が支給されますが、契約従業員とアルバイトには賞与の支給はありません。2020年（令和２年）９月に、アルバイト従業員のＢさん（勤務４年目）から「私はあるアルバイト従業員ですが、正規従業員と同じ勤務日や勤務時間です。この前、大阪高裁でアルバイトにも賞与を支払うように判決が出たはずなので、適切な賞与を支給して欲しい」と要望がありました。確かにＢさんは、勤務日と勤務時間は正規従業員と同じですが、業務はあくまでも正規従業員の補助業務であり、最終的な確認や責任などは正規従業員だけにありました。また、正規従業員への賞与支給の趣旨もガイドラインと異なっており、Ｂさんが指摘した高裁の判決について最高裁の判断は、賞与不支給に違法性無しとの判断をしたため、これを説明し今後は検討することをＢさんに提案して、理解を得ました。

2．トラブルの要因と対応例

（1）トラブルの要因

①　Ｂさんが指摘した高裁の判決や、最高裁判断など

　１　高裁の判決とのポイント

　　Ｂさんが指摘した判決とは、大阪医科薬科大学事件に関する大阪高裁の判決であり、2019年（平成31年）２月15日に「正職員の賞

与については、算定期間に在職し就労していることへの対価とみなされるため、同時期に在籍し勤務しているアルバイト職員について賞与を支給しないのは、不合理である」と判断して110万円の支払いを命じ、大学側が最高裁に上告しました。

② 同事件への最高裁の判断

　2020年（令和2年）10月13日には、同事件に関する最高裁の判断が出され、「本件のアルバイト職員について、賞与を支給しないことは不合理に当たらない」として、賞与について高裁とは異なる判断をしています。

③ 同一労働同一賃金ガイドラインの記載

　厚労省のガイドラインでは、賞与について「会社の業績等への労働者の貢献に応じて支給するものについては、同一の貢献には同一の、違いがあれば違いに応じた支給が必要」（趣旨）とされています。

② A社の場合

① Bさんの就労や業務内容

　Bさんは、正規従業員と同じく、1日8時間、土・日曜日、祝日を休日として勤務しています。しかし、業務はあくまでも広告制作のアシスタントであり、正規従業員が扱うような最終的な仕上げや取引先との打合せ、クレーム処理などは行っていませんでした。

② 正規従業員への賞与支給の趣旨

　A社における賞与は、募集や採用の際に夏季・冬季それぞれ基本給2カ月分を正規従業員の年収の補完として支払うという趣旨の規程を定めており、ガイドラインにいう業績などへの貢献に応じて支給する趣旨とは異なるものでした。

③ その他

　A社では、契約従業員の契約期間は5年が上限と定め、契約従業員本人から希望があった場合には能力審査を行い、また能力があると会社が判断した場合には正規従業員への登用がありましたが、Bさんはどちらにも該当していませんでした。

（2）対応の例

　A社では、BさんにA社の賞与の趣旨がガイドラインと異なっていること、またBさんの業務は正規従業員の補助業務であり同一労働とはいえないことを説明し、今後は検討を行うことなどを説明し、理解を得ることができました。さらに、他の契約従業員について勤務実態や業務内容などについて確認を行うこととしました。ただし、変更の実施については慎重に行うこととしました（P.83のコラム参照）。

24 交通費、精皆勤手当、最新の判例からみるトラブル

1．トラブルの概要

　製造業のA社では、製造工場の工場長だけが正規従業員で、それ以外はアルバイト従業員やパート従業員といった非正規従業員が製造業務に当たっています。ある日、パート従業員のBさんが非正規従業員を代表して、「国のガイドラインや最高裁の判決などが出て、非正規従業員にも交通費や精皆勤手当ての支払いを検討すべきでは」と話がありました。

　A社では、非正規従業員の交通費は上限を月1万円としそれを超えた場合には自費としていました。また精皆勤手当は正規従業員にしか支払っていませんでした。A社では、顧問の社労士と弁護士に来てもらい、それらに関する説明を受けました。その結果A社では、非正規従業員の代表であるBさんと協議し、交通費は実費全額を支払い、精皆勤手当については、正規従業員の半額を支払うことで合意しました。

2．トラブルの要因と対応例

（1）トラブルの要因

① 最高裁の判断（ポイント）

　2021年（令和3年）1月末現在で、最高裁は7つの事件について5件の判断をしています。しかし、これはあくまでも各事件の内容について審議し判断したものであり、これらが一律の基準とまではなっていないと考えます。トラブルに関連すると思われる判例のポイントは次のとおりです。

1．ハマキョウレックス事件（2018年（平成30年）6月1日判断）
では、正規従業員と同一労働の契約従業員に関して、無事故手当、
作業手当、給食手当、住宅手当、皆勤手当について原則として同一
とすべきと判断
2．長澤運輸事件（前記1と同日に判断）では、定年退職後に嘱託と
して再雇用され同一労働を行う従業員に対して、精皆勤手当の支払
いと超過勤務手当の計算には精皆勤手当を含んで計算すべきと判断
3．日本郵便事件（2020年（令和2年）10月15日判断）では、契
約社員に対して扶養手当、夏季冬季休暇、病気休暇、祝日給、年末
年始手当について、支払うべきと判断

② 同一労働同一賃金のガイドライン

厚労省のガイドライン（P.76参照）では、次のように記載されています。

1．精皆勤手当については、業務内容が同一の労働者に対しては、同
一の支給をする。
2．通勤手当については、通勤にかかる交通費は同一の支給をする。

（2）対応の例

A社では、非正規従業員の勤務実態を調べ、判例やガイドラインを参
考として検討した結果、実費弁償である交通費は全額を支払い、精皆勤
手当は正規従業員の支給要件と同じ無遅刻・無欠勤の場合には、正規従
業員の半額を支払うことを提案して合意し、従業員が労働者代表として
選任したBさんと「交通費および精皆勤手当に関する労使協定書」を締
結しました。

コラム　同一労働同一賃金の対応は慎重に

　判例やガイドラインに従い、対応を検討し実施する会社が多くなりました。とはいえ、未だ判例数は少なく、明確な支給や対応の基準というまでには至らない部分もあると考えます。特に、一度支給を決定・実施した場合に、その後の経営状況や景気の動向などで減額や廃止することになると、不利益変更となり基本的には対象労働者の同意が必要となります。また、労働者のモチベーション低下にもつながりかねないなどの影響も考えられ、実施には総合的かつ中・長期的な判断も重要と考えます。

25 「非正規にも年末年始の手当を支払え」、同一手当請求トラブル

1．トラブルの概要

　運送業のＡ社では、正規従業員の冬期休暇を 12 月 30 日から 1 月 3 日までと定めており、その間に勤務した場合には 1 日 6 千円の年末年始手当を支払っていました。しかし、時給契約従業員のＢさんが「2020 年（令和 2 年）10 月 15 日に、最高裁で年末年始の休暇や手当について、契約社員にも与えるように判決が出たので休日としてもらいたいが、せめて勤務した場合には年末年始手当を少しでも出るようにしてもらいたい」と検討を求めてきました。Ａ社では当初は、正規従業員は配送先との打合せなどを行い、時給契約従業員を管理する立場で業務内容が異なり、年末年始が繁忙期でもないとして、拒否する意見がでました。しかし、Ａ社社長の「同じ年末年始に働くのだから、時給契約従業員の皆さんにも年末年始手当として一定の手当を支払おう」との言葉を受け、対象の時給契約従業員に 1 日 3 千円または 2 千円の年末年始手当を支払うことになり、Ｂさんも納得しました。

2．トラブルの要因と対応例

（1）法律や判例、ガイドライン、指針

　年末年始手当に関する判例として、2020 年（令和 2 年）10 月 15 日に最高裁で判断が出された日本郵便の裁判では、時給制の契約社員に扶養手当や年末年始勤務手当、夏季・冬季休暇等がないことについて「労働条件の相違は不合理」と判断しました。特に、年末年始休暇については、郵便配達業務において年末年始が超繁忙期で、雇用形態にかかわら

ず出社が推奨されるという特有の事情が考慮され、不支給が不当と判断されました。

（2）対応の例

　A社では、正規従業員の年末年始手当1日6千円に対して、フルタイムで働く時給契約従業員には1日3千円を支給とし、短時間のパート従業員には2千円の年末年始手当支払いを決定しました。A社では年末年始手当の支給決定による経費の負担増は大きく、支給できる金額としてはギリギリともいえました。A社では、変更内容を全従業員に説明し理解を得るとともに、労使が同意したことを書面で残すという趣旨から、「年末年始手当に関する労使契約書」として、労働者代表と締結しました。

同一労働同一賃金…結びに

　今後は、ガイドラインや判例の事件とは事情が異なる内容や事項についても、従業員側から様々な質問や要望があることが予想されます。

　判例や法律では、未だ明確な基準が示されているとはいえない状況と考えますので、各企業の事情に合わせて総合的、長期的な視点で検討し、実施することも重要と考えます。

［2］多様な働き方（テレワーク、副業）編

26 副業を許可したら、昼休みに配達、副業トラブル

1．トラブルの概要

　広告代理店を営むA社では、営業担当者の従業員が毎月40時間を超える時間外労働を行い、多い時は月90時間に及ぶ月もありました。しかし、昨年の8月に労基署の調査が入り長時間労働の是正を厳しく指導され、A社では労働時間削減に努力した結果、時間外労働は半減し、経験の浅い従業員はほとんど時間外労働が無くなりました。1年前に入社し営業を担当するBさんも、経験が少ないため労基署の調査前に月40時間あった時間外労働が5時間程度に激減し、収入が大幅に減少しました。Bさんは、「採用の際に、基本給は低いが毎月残業が40時間前後はあるから一定の賃金は確保できるといわれたが、残業が無くなり月収が激減したので、副業で食事の宅配サービス（委託）をすることを許可して欲しい」とA社に懇願し、社内で第1号の副業の許可を得ました。しかし、副業に関する取決めが明確でなかったため、Bさんは昼休みにも宅配の副業を行い、これを禁止しようとするA社との間でトラブルになりました。

2．トラブルの要因と対応例

（1）トラブルの要因

① 厚労省が副業ガイドラインを公表

　国は副業について推奨しており、厚労省は2018年（平成30年）1

月に「副業・兼業の促進に関するガイドライン」を公表し、2020年（令和２年）９月に改定を行っています。その中で、従業員から副業に関する申請を拒否できるケースとして、業務に支障がある場合や業務上の秘密が漏洩する場合などを例示しています。また、副業・兼業に関して就業規則に詳細を定めておくことなどについて記載されていますので、参考になると思います（詳しくはP.89別紙「副業・兼業の促進に関するガイドライン」（概要）を参照）。

② 副業は大きく２種類

副業には、アルバイトやパートなどとして雇用される場合と、委託など自身で事業を行う場合（外注）の２種類があります。外注として働く場合には、賃金ではなく報酬等を受け取ることになり、割増しの問題は基本的には生じないことになります。しかし雇用の場合には、割増賃金の問題が発生したり、長時間労働、労災保険の適用などに注意が必要になります（委託についてはP.101 事例**30**参照）。

③ 副業のメリットやデメリットの例

⬜ メリットの例

一般的には、労働者の知識やスキルが向上することや、人材の流出防止、収入の補填などがあるといわれています。また、新たな経験による成長や人間関係の拡大など、当初の想定外のメリットもあるかもしれません。

⬜ デメリットの例

一般的には、長時間労働による健康上の問題への懸念、本業への悪影響（就業時間の把握・管理、職務の懈怠、秘密等の情報漏洩、競業・利益相反）などがいわれています。

④ 職務専念義務に関する法律

労契法第３条第４項では、労働者（従業員）と使用者（事業主側）は、労働契約を守り、信義誠実のうえに権利を行使し、さらに義務を履行しなければならないことが定められています。これにより、従業員は労働

契約の範囲内で業務内容や業務の遂行方法、就業場所などに関して、使用者の指揮に従って誠実に労働する義務（誠実労働義務または職務専念義務）を負うとされています。

（2）対応の例

　A社では、Bさんに前記の職務専念義務に関する内容を説明し、理解を得て副業は終業時間後や休日に行うこととしました。

　さらに副業の許可について再検討し、就業規則に「副業に関する規定」を新たに定め、副業の申請や許可の際の「誓約書」の提出を義務付けるなどとしました。ポイントは次のとおりです。

①　副業に関する規定

　新たに副業に関する章を設け、副業申請書や副業誓約書の提出義務、会社の副業に関する指示に従うこと、副業の取消しや違反した場合の懲戒などを規定し、その内容に基づき運営することにしました。その後に別規程として「副業に関する規程」に詳細を定め実施することにしました。

②　副業申請書と副業誓約書の提出

1　副業申請書として、副業の理由、業務形態（雇用か外注か）、職種、日時、期間などを届けさせ、検討することとしました。それにより、秘密保持義務や競業避止義務、誠実に業務を行う職務専念義務が保てるか、長時間労働にならないかなどを確認し、許可の可否を判断する材料としました。

2　副業に関する誓約書として、申請した副業の内容に間違いがないこと、就業規則を遵守し、会社から指示された内容に報告すること、その他について誓約させました。

3　その他として、健康管理措置など労働者の健康状態に配慮するために、副業を行う従業員との面談や労働時間の報告などコミュニケーションをしっかり取り、勤務・健康状況の把握と対応を図るようにしました。

別　紙　「副業・兼業の促進に関するガイドライン」（概要）のポイント
**　　　　のまとめ**

1．基本的な考え方など

①　副業・兼業を進めるに当たっては、会社等と労働者が十分にコミュニケーションを取り、納得性を持って進めることが重要である。

②　留意点として、1安全配慮義務、2秘密保持義務、3競業避止義務、4誠実義務がある。また就業規則などで、副業・兼業が可能なことや前記1から4に支障がある場合には、副業・兼業に制限や禁止ができることなどを明記する。

2．労働時間管理（労働時間の通算や限度など）

①　労働者が複数の事業所（自社と副業先）で労働する場合には、原則として労働時間が通算される。但し、委任や請負、自身の事業などは通算されない。

②　複数の事業所での労働であっても、法律の上限規制時間（1カ月100時間、複数月平均80時間以内）は適用され、これを超えてはならない。法律の範囲であっても、長時間労働にならないことが望ましい。

③　副業・兼業の確認

• 労働者からの申告等により、副業・兼業の有無や内容を確認

• 届出制などによる、副業・兼業の有無や内容の確認

④　労働時間の通算

• 自社と副業との労働時間を通算して管理（副業の労働時間は自己申告）

• 自社の所定労働時間前に他社等で労働した場合で、通算した労働時間が法定労働時間を超えた場合には時間外労働が生じ、自社で割増賃金の支払い義務が生じる。

3．使用者が行う労働者の健康管理

①　使用者は、労働安全衛生法に基づき、健康診断、長時間労働者に対する面接指導、ストレスチェックやこれらの結果に基づく事後措置を実施すること。

② 使用者の指示により副業・兼業を開始した場合は、原則として他社との情報交換により、労働時間や労働状況の把握などを行い、健康管理措置を行う。

③ 使用者が、副業・兼業を認めている場合には、労働者に健康保持のため自己管理を行うよう指示し、心身の不調があれば、その都度相談を受けることを伝える。必要に応じて法律を超える健康確保措置を実施する。また、労使の話合いなどにより副業・兼業を行う労働者の健康確保の措置をとる。

4．労働者が行うべき対応

① 労働者は、自社などの副業・兼業に関するルールを確認し、そのルールに照らして業務内容や就業時間が適切な副業・兼業を選択する必要がある。

② 労働者は、副業・兼業による過労によって健康を害したり、業務に支障をきたしたりすることがないよう、自らの業務量や進捗状況、時間や健康状態を管理する必要がある。

5．副業・兼業に関わるその他の制度

① 労災保険の給付

• 給付額は、複数事業所で就業した労働者の賃金を合算して算定する。

• 労災認定は、労働者の複数事業所での業務上の負荷を総合的に評価して行う。

• 副業先へ移動する際に起きた災害は、原則として通勤災害の対象となる。

② 雇用保険

• 2022年（令和4年）1月から、複数の事業所での労働時間合算による加入が試行予定。

27 本業と副業の労働時間は通算、副業先に割増賃金を請求、賃金未払いトラブル

1．トラブルの概要

　東京都内で 24 時間営業のレストランを経営している A 社では、平日の昼間は本業として別の会社に 8 時間勤務し、A 社をダブルワークとしているパート従業員が数名働いています。その一人である B さんから、A 社のマネージャーに対して「時間外の割増賃金が不足しているのではないか」と問合せがありました。A 社で確認すると、B さんは平日の週 3 日間を 18 時 30 分から 22 時 30 分までの各 4 時間勤務し、時給は 1,013 円（東京都の最低賃金）で、22 時から 22 時 30 分までについては深夜割増の 25％を加算していました。A 社では、支払い不足はないと回答しましたが、納得いかない B さんは労基署に相談し労基署の調査が入りました。その結果、A 社での労働時間は 4 時間でも労働時間は本業と通算されるとして割増賃金の支払い不足を指摘され、B さんと他のダブルワーカーについても、不足額があった場合には清算するよう命じられることになりました。

2．トラブルの要因と対応例

（1）トラブルの要因（ダブルワークが雇用の場合）

① 法律で労働時間は通算され、割増賃金が必要に

　労基法第 37 条では、1 日 8 時間、週 40 時間を超えて労働させた場合には、原則として 25％以上の割増賃金を支払うことが定められています。また労基法第 38 条では、事業場が異なる場合には、原則として労働時間を通算することになっています。

②　A社の場合

　Bさんの場合も、本業後にアルバイトなどとして副業先で雇用される
ケースといえます。Bさんの労働時間は、本業で8時間労働した後にA
社経営のレストランで4時間勤務しており、通算で12時間労働してい
たことになります。本業で法定労働時間の1日8時間労働しているため、
レストランでの勤務開始の段階で、時給1,013円の25％割増しの賃金
を支払う必要が生じ、さらに22時以降の勤務についてはさらに深夜割
増の支払いも必要になります。

（2）対応の例

①　A社（副業先）の対応例

　今回のトラブルを受け、A社では面接の際にダブルワークの有無や本
業がある場合はその勤務時間など勤務状況を確認し、時間外労働への影
響などを把握することにしました。また採用後に、勤務状況に変更があっ
た場合には報告を義務付けることにしました。

②　本業での対応例

　1　副業許可前の確認や許可に関する事項
　　自社の従業員から副業の希望があった場合の基本的な対応の例は、
P.86事例26を参照してください。
　2　労働時間の確認や対応
　　副業でアルバイトなどとして雇用される場合には、今回のような賃
金の支払いの問題だけでなく、長時間労働の判断に際しても労働時間
が通算されます（長時間労働については、P.113事例34参照）。副業
に関する過重労働の可否については、長時間労働や本業や副業での心
身の負担などを総合的に判断するとしており、本業や副業先でも労働
時間数などの管理が求められ、責任を問われることもあり得るため、
注意が必要と考えます。

コラム　本業前にアルバイトで、本業で割増しの支払いも

　副業では、本業後のアルバイトだけでなく、副業をした後に本業で働く場合もあります。例えば、早朝にビル掃除のアルバイトをした後に本業で働くケースが考えられ、その場合には副業と本業の労働時間を通算し、8時間を超えた段階で割増賃金の支払いが必要となります。また副業を本業の所定休日にする場合には、原則として法定の週40時間を超えて労働した場合にも割増賃金の支払いが必要となるため、確認が重要になります。

28　在宅のはずが連絡取れず、理由は「買い物していました」、テレワークトラブル

1．トラブルの概要

　業界団体の事務局であるＡ事業所では、新型コロナの感染防止のために、急遽テレワーク（在宅勤務）を全職員が交代で行うことになりました。初めて在宅勤務を行うことになったＡ事業所では、職員にセキュリティーソフトをダウンロードしたパソコンを貸与し、毎朝の始業時にリモート会議を行うことや、業務の指示や連絡はメールや携帯電話で行うこととしました。しかし、それ以外のテレワークに関する内容を明確にしないまま実施することになり、職員もどのようにテレワークを行っていいのか困惑しながらも、できるだけ連携を取るように努力していました。しかし職員のＢさんは、朝のリモート会議が終わると連絡が取れないことが多くなり、上司が事情を聞くと家族と買い物など私用を行っていたことがわかりました。Ａ事業所がＢさんに注意を与えたところ、Ｂさんから「ルールが明確でないからだ」と反論されてしまいました。

2．トラブルの要因と対応例

（1）トラブルの概要

① テレワークのついて

　テレワークとは「情報通信技術（ICT = Information and Communication Technology）を活用した時間や場所を有効に活用できる柔軟な働き方」のことで、①自宅で働く在宅勤務、②移動中や出先で働くモバイル勤務、③本拠地以外の施設で働くサテライトオフィス勤務の3つに大きく分類

されます。テレワークのメリットとして、生産性の向上、新規雇用・離職の防止、ワーク・ライフ・バランスの向上、コスト削減、ＢＣＰ（事業継続計画）対策が挙げられています。

② テレワーク時の労務管理

1 労働契約の見直しと就業規則の変更

　テレワーク導入に当たっては、テレワークに関する労働条件等の変更点を明示し従業員とのコンセンサスが必要です。また常時使用する労働者が10人以上の事業場では、就業規則の変更などが必要になると考えます。

2 労働時間の管理義務など

　使用者には、労働者の労働時間について適正に把握する義務（労働安全衛生法（以下「安衛法」）第66条の8の3など）があり、テレワークの場合も例外ではありません。実際に、テレワークを取り入れている企業では、テレワーク勤務者から始業時・休憩時・終業時にメールや電話で管理職等に連絡し、業務内容報告書等でマネジメントする方法を採用するケースもあります。最近では、クラウドによる勤怠システムを導入している企業も増えており、費用等も考慮して、企業の実態に即した方法を取る必要があると考えます。

③ Ａ事業所の場合

　今回のＡ事業所のトラブルは、テレワークに関する法令等の理解が甘く、詳細なルール作成や従業員のコンセンサスを得ずにテレワークを取り入れたことが要因と考えます。以前は、中小企業などで全社的にテレワークを実施している企業は少なく、育児や介護等の特定の理由がある従業員のみに適用する例が多く見受けられました。しかし、コロナ禍により緊急避難的にテレワークをスタートし、問題が発生するたびに対処療法的な対応しかできず悩んでいる企業も少なくありません。テレワークに関しても、労使ともに従来どおりに労基法や安衛法等の法令等の遵守や、労働契約に基づいた内容を忠実に遂行することが求められます。

なお、導入プロセス等の詳細は、厚労省テレワーク総合ポータルサイト：https://telework.mhlw.go.jp/telework/ が参考になると思います。

（2）対応の例

①　A事業所の対応

A事業所では、テレワークであっても原則として所定労働時間については職務に専念すべきであり、許可を得ずに私用外出することは基本的には認められないことなどをBさんはじめ全従業員に理解してもらいました。とはいえ、勤務時間のすべてをパソコンや机の前に拘束するのも非現実的であり、上司などの許可を得たうえで私用で外出している時間は「休憩時間」とすることを原則として定めました。また、上司の判断で外出時間分について終業時刻を繰り下げることも可能（ただし、時間外労働や深夜の時間は労働禁止）として、テレワーク規程を作成し、その他の詳細を定めました。

②　今後のテレワークの考え方の例

ウィズコロナまたはアフターコロナ時代において、テレワークを取り入れていることが「当たり前」のようになっています。今後は、テレワークを上手に活用し業績が向上している企業には、優秀な人材が集まりやすい一面もあるのではと思います。テレワークでは、自宅などでの作業環境の整備や長時間労働対策など多くの課題に適切に対応し、法令遵守を大前提として、優秀な人材の確保や生産性向上につながる経営課題と捉えることも重要と考えます。

コラム　テレワークを悪用し、時間外労働や深夜労働の請求も

　テレワークに当たり、労働時間管理について明確に定めることは重要です。トラブルとして、夜中にパソコンやタブレットをオンの状態にしたり、仕事のメールを送信するなどして、残業や深夜労働分の賃金を請求する例もあります。労働時間は、所定の労働時間を勤務することとし、労働時間を毎日報告することを定めることも重要です。そして、残業や深夜、休日の労働は必ず許可または事後の認定を受けることなども大切と考えます。

❻ その他編

29	裁判員休暇３週間請求や２年後に結婚休暇の請求、特別休暇トラブル

1．トラブルの概要

　建設業のＡ社で事務職として働くＢさんに、裁判員に選ばれたとして通知が来ました。ＢさんがＡ社の就業規則を調べると、特別休暇として裁判員休暇が規定されており、「裁判員に選任された場合、必要な日数を与える」と記載されていました。裁判員に興味があり、一度参加したいと思っていたＢさんは、会社に裁判員として参加したいと申し出ました。しかし、裁判員として参加する事件が殺人事件で、かつ様々な事情があるため、必要な日数は約２週間にわたることがわかりました。会社では、事務部門の中心であるＢさんが長期間にわたり休暇を取ることは厳しいため、辞退して欲しいとＢさんに要請しましたが、Ｂさんは「会社のルールどおり希望したもので、辞退しない。裁判員の業務が終わったら仕事に来ます」との意思が固く、Ａ社では止む無く認めることになりました。

2．トラブルの要因と対応例

（1）裁判員制度と特別休暇

① 裁判員制度とは

　裁判員制度は、2009年（平成21年）5月21日に始まった制度で、刑事事件のうち殺人事件など重大事件について、20歳以上※の選挙有権

者から選ばれた裁判員が、裁判官らと一緒に裁判の審議に参加し、判決までを決定する制度をいいます。具体的には無作為に選ばれ通知された裁判員候補者の中から6名の裁判員が決定され、原則3人の裁判官と共に有罪または無罪の判決や具体的な罰則までを決めることになります。令和2年10月末現在で、約1万2000件の裁判員裁判が実施され、約7万2000人が裁判員として参加しており、裁判手続きに要する日は平均約6日間となっています。

※ 2016年（平成28年）から選挙権年齢が18歳以上に引き下げられましたが、裁判員は当分の間20歳以上で選挙権のある者から選任

② 裁判員になれない人や断れる場合

　裁判員になれないのは、裁判官や弁護士、警察官など職業や立場による場合や、禁固刑以上を受けたことのある人、事件の被告人の家族などがあり、また辞退できるケースとして、学生や70歳以上、重い病気やケガの方の場合などがあります。

③ A社の特別休暇制度

　特別休暇とは、所定休日や年次有給休暇などの他に、特別に会社が定めた休暇（有給か無給かは任意）をいい、就業規則に会社のルールとして定めることが多くあります。

　裁判員は国民の義務とされており、またA社の就業規則の特別休暇には「裁判員に選任された場合、必要な日数を与える」との記載しかなかったため、Bさんはルールに基づき請求したことになります。

④ 仕事を理由に辞退できる場合

　裁判員を仕事上の都合により辞退する場合として、「従事する事業の重要な用務であって、自分で処理しないと事業に著しい損害が生じるおそれがある場合」とされており、具体的には裁判員の期間や勤務する事業所の規模、担当職務の代わりがいるかどうか、事業への影響などについて裁判所が個々に判断するようです。

（2）対応の例

　A社では、特別休暇の裁判員の規定を、「裁判員に選任された場合、原則として必要な日数または時間を与える。ただし会社の事業の運営に著しい影響がある場合などを除く」と変更しました。また、他の特別休暇についても支障が出る可能性がないか確認しました。

コラム　特別休暇、結婚休暇を3年後に要求した例も

　ある会社で、結婚休暇について「事実のあったときから6カ月以内」などと取得期限を定めていなかったために、結婚後3年経過してから「結婚休暇を取得したい」と希望がでたことがあります。その他には、「取得はできるだけ業務に著しい支障がない範囲で行う」などの記載が必要な場合もあり、特別休暇の内容の検討も重要かもしれません。

30 年金を全額受給したい、雇用を無理に請負（業務委託）に、偽装請負トラブル

1．トラブルの概要

　大手企業のＡ社で営業事務として働くＢさんは、60歳定年後も嘱託従業員として再雇用され同じ業務を行っていました。しかし、63歳になり年金を受給できる年齢になったためＡ社に相談したところ、総務担当者から「雇用ではなく、請負として業務委託契約を締結してはどうか」とアドバイスを受けました。請負になることで、Ｂさんは全額年金を受給でき、Ａ社も社会保険料の負担がなくなるため、双方にメリットがあると判断したようでした。Ｂさんは、その後も以前と同じように定時に出社し、指示された業務を行っていましたが、ある日Ａ社への出勤途中に転倒し右足を複雑骨折し障害が残る可能性が出ました。ＢさんはＡ社に労災の申請を要請しましたが、Ａ社では請負は雇用ではないため労働者に当たらず、労災は適用できないと回答しました。Ｂさんはこれに納得せず、Ａ社に対して「労基署に訴える」と強く反発し、Ａ社では専門家に相談し、Ｂさんの労災申請を行うことになりました。

2．トラブルの要因と対応例

（1）請負（業務委託）をめぐる問題など

① 業務委託の要件など

　Ｂさんが業務委託となった場合には、雇用ではなく個人事業主という扱いなり、賃金ではなく報酬を受け取ることになるため、社会保険の加入義務がなくなり、年金を全額受給できることになります。

　しかし、業務委託には基本的な要件があり、①業務の一定の専門性をもち、業務遂行や時間を自己の裁量で行う、②交通費や諸経費の負担、③個人業としての課税など税法上の処理、④委託契約書等の締結などとされており、原則としてこれらをクリアする必要があります。

② 雇用を請負などとする理由

　Bさんのように嘱託従業員になっても、労働時間などがそれまでと変わらず勤務する場合には社会保険加入義務があり、賃金額等により年金が減額されることになります。これを「在職老齢年金」といいます。
　その他に、雇用の場合には年次有給休暇が発生し、時間外労働への割増賃金の支払い義務が生じ、事業主側が契約を解除する場合には解雇となり、解雇予告手当の発生や解雇そのものの正当性が問われたりすることがあります。そのため、雇用でなく請負などとして契約することにより雇用で生じる問題を逃れようという目的が見られるのも事実で、実態は雇用であるのに請負という形だけをとり、「偽装請負」などと指摘されトラブルになる例もあります。

③ A社の場合

　雇用か個人事業主かは、その人の業務や遂行の実体で判断することになっており、形式だけの個人事業主では認められません。Bさんの場合には、営業事務としてA社に出勤し、それまでと同じ業務をしており、業務委託の基本的な要件を満たしていたといえないため、違法といわざるを得ませんでした。

（2）対応の例

① Bさんの労災を申請

　A社では、顧問社労士に相談し、厚労省が公表している資料（後記※を参照）をもとに説明を受け、Bさんの実態は雇用であり労基署も実態で判断するため、労災かくしとされる可能性があることを知り、労基署

に相談しながら労災申請を行い、Bさんは労災保険の適用をうけることになりました。

※「労働者派遣事業と請負により行われる事業との区分に関する基準」
（昭和61年4月17日、労働省告示第37号）

② 実態の見直しと対応

A社では、Bさんのように本来は雇用であるにもかかわらず請負などにしていたケースを洗い出し、新たに雇用契約を締結し、雇用としての取扱いを行うこととしました。

31　営業車を運転中に自転車と接触事故、使用者責任トラブル

1．トラブルの概要

　サービス業のA社で、営業として働くBさんは会社の車を運転し顧客回りをしていました。次の顧客へ向かうため車を運転し、狭い路地に入り太陽の光がまぶしく前方が見えにくいと思った瞬間、横の道から出てきた自転車と衝突してしまいました。自転車を運転していたCさんは、衝突の衝撃で体が投げ出され民家の塀にぶつかりました。Bさんがすぐに駆け付けるとCさんは意識を失っており、救急車で病院に搬送されました。命に別状はなかったものの、大けがをして後遺障害も残ることになりました。Cさんは弁護士を代理人として、Bさんと車の所有であるA社に損害賠償を求めて裁判を提起しました。A社では、使用者責任を問われる可能性が高いことを確認し、損害賠償金を支払い和解することになりました。

2．トラブルの要因と対応例

（1）事業主の使用者責任など

① 法律の定めなど

　自動車損害賠償保障法第3条では、社員が会社所有の車で事故を起こし損害を与えた場合には、原則的に運行供用者として損害賠償責任を負うとされています（趣旨、ただし免責など例外あり）。

　また民法第715条では、「ある事業のために他人を使用する者は、被用者がその事業の執行について第三者に加えた損害を賠償する責任を負う」と使用者の責任を規定し、また道路交通法第74条では車両等の使

用者の義務が規定されています。使用者責任が成立するためには、以下
の要件が必要とされています。

   1 ある事業のために他人を使用していること

   2 被用者に不法行為責任が成立すること

   3 その不法行為が「その事業の執行について」行われたものである
     こと

   4 使用者が、社員の選任およびその事業の監督について相当の注意
     をしたとき、または相当の注意をしても損害が生ずべきでないこと
     （ただし、前記1から3が成立していれば、使用者責任を問われる
     ことが多い）

② A社の場合

   事故を起こしたBさんは、A社の業務のために社有車を運転して交通
事故の加害者となり、Cさんにケガをさせたことで不法行為責任が成立
することになったため、A社は使用者責任を問われることになりました。

（2）対応の例

① 事故発生時の確認や事故への対応など

   A社では、事故の状況を確認するためにBさんや周囲の人などに聴き
取りを行い、事故発生場所や発生した状況など、相手の氏名や職業、ケ
ガの程度、社員の事故当時の業務内容、その他について詳細を確認しま
した。

   その中で、被害者の存在や被害の程度などが判明したため、対応の責
任者を専務と決めて、交通事故に詳しい弁護士に相談し、被害者（Cさん）
やBさんへの種々の対応を進めることにしました。今回は、裁判が提起
されたため、A社では弁護士に代理人として裁判への対応を委任し、裁判
途中で和解することができました。

② 事故防止の対応など

　　A社では、再発防止等のために、事故情報を他の従業員と共有し注意喚起しました。また、会社の車輌の使用状況などを把握し、実態に合った管理を行い、車輌運行規程の変更や運転に従事する従業員への定期的な講習や研修などの実施しました。

④ 事業主の使用者責任はセクハラやパワハラでも

　　使用者責任は、従業員が上司などにセクハラやパワハラを受け損害が発生した場合などにも問われることがあり、その範囲は広いといえます。

第2節　行政機関の調査編

❶ 労働基準監督署からの行政指導や書類送検

［1］休　暇　編

32	有給休暇を拒否して懲役刑？　年次有給休暇トラブル

1．トラブルの概要

　小さな居酒屋を経営するＡ社では、アルバイト従業員やパート従業員が多くいます。ある日、勤務して7カ月になるアルバイト従業員のＢさんから居酒屋の責任者であるＣ店長に「自動車の運転免許の更新があるので、1週間後に年次有給休暇（以下「有給休暇」）を取得したい」と希望がありました。しかしＣ店長は、「うちの店では、正規従業員も有給休暇はないことになっており、アルバイトやパートにも有給休暇はない」と回答し、希望を拒否していました。Ｂさんが他のパート従業員などに聞くと、店長が社長から「有給休暇を与えていたら店の運営に支障が出る」と有給休暇を拒否するように指示されているとのことでした。納得がいかないＢさんは、労基署へ相談に行き、Ａ社に労基署から調査と指導があり、監督官から「改善しない場合には、最大で懲役6カ月以下の罰則もありえる」と厳しく指導され、Ａ社ではＢさんや希望する従業員に有給休暇を付与することになりました。

２．トラブルの要因と対応例

（１）トラブルの要因

① 年次有給休暇（有給休暇）の付与義務と罰則など

　　1　法律の定め

　　　　有給休暇については、労基法第39条で「使用者は、その雇入れの日から起算して6カ月間継続勤務し全労働日（本来労働すべき日）の8割以上勤務した労働者に対して、継続し、又は分割した10労働日の有給休暇を与えなければならない」と定められています。また、その後1年間において全労働日の8割以上を勤務した場合には勤続年数に応じて有給休暇を付与することになります（具体的な有給休暇の日数はP.109別紙1の年次有給休暇表を参照）。

　　　　もしも違反した場合には、労基法第119条に6カ月以下の懲役または30万円以下の罰金が定められています。

　　2　5日間の付与義務と罰則

　　　　2019年（平成31年）4月の同条の改正により、毎年10日以上の年次有給休暇が付与される労働者に対して、毎年5日間の年次有給休暇を取得させることが義務付けられました。また、これに反した場合には従業員1人ごとに最大で30万円の罰金が科されるとされており、法定の5日間の有給休暇を取得させなかった従業員が10人の場合には、合計300万円の罰金が科される可能性が生じます。

② A社の場合

　　C店長は、「正規従業員もアルバイトやパートにも有給休暇はない」と発言し、従業員の請求を拒んだということが労基法第39条に反しており、内容も悪質性が高いとして労基署の監督官から厳しい指摘を受けたものと考えられます。

（2）対応の例

　A社では、有給休暇を希望する従業員の代わりが見つからないなどにより、業務に著しい支障がない限り、従業員の請求に基づき有給休暇を付与することとしました。また、業務が暇になる8月のお盆時期に有給休暇の取得日を定め、なるべく取得しやすいようにしました（P.110 別紙2「年次有給休暇の計画的付与に関する労使協定」を参照）。

別紙1　「年次有給休暇表」

1．正社員や、1週間の所定労働日数が5日以上もしくは1週間の所定労働時間30時間以上または1年間の労働日数が217日以上の者

勤続年数	6カ月	1年6カ月	2年6カ月	3年6カ月	4年6カ月	5年6カ月	6年6カ月以上
有給休暇	10日	11日	12日	14日	16日	18日	20日

2．1週の所定労働日数が4日以下、または1年間の所定労働日数が216日以下の者

週所定労働日数	年間所定労働日数	勤続年数						
		6カ月	1年6カ月	2年6カ月	3年6カ月	4年6カ月	5年6カ月	6年6カ月以上
4日	169〜216日	7日	8日	9日	10日	12日	13日	15日
3日	121〜168日	5日	6日	6日	8日	9日	10日	11日
2日	73〜120日	3日	4日	4日	5日	6日	6日	7日
1日	48〜72日	1日	2日	2日	2日	3日	3日	3日

別紙2　「年次有給休暇の計画的付与に関する労使協定」

　　株式会社Aと同社従業員代表△△△△とは、年次有給休暇の計画的付与に関し、次のとおり協定する。

（対象者）
　第1条　原則として、全ての従業員を対象とする。

（計画付与の日）
　第2条　年次有給休暇の計画的付与として、次の日を一斉に付与する。

　　　令和3年8月14日から16日　3日間

（その他）
　第3条　従業員のうち、年次有給休暇を有しない従業員または、その保有する年次有給休暇の日数から5日を差し引いた日数が「5日」に満たない従業員については、所定休日とする。

　　　令和3年4月1日

　　　　　　　　　　　　　　株式会社A
　　　　　　　　　　　　　　代表取締役　□□　□□　㊞
　　　　　　　　　　　　　　従業員代表　△△　△△　㊞

33 生理休暇を与えずに書類送検？　生理休暇付与しないトラブル

1．トラブルの概要

　食品製造業のＡ社では、男性の正規従業員数名と十数名の女性パート従業員で毎日の業務に当たっています。ある日の朝、女性パート従業員のＢさんは生理痛がひどく休ませて欲しいとＡ社のＣ社長に連絡しました。すると「みんなに迷惑をかけるのだから、少しぐらいの痛みで休まれては困る」といわれ、Ｂさんは２時間遅刻して出勤しました。その日の昼の休憩時間に、Ｃ社長は女性パート従業員を集め、「今後は生理休暇を取った場合には、給与から１回につき千円引くことにする」と発表しました。納得いかないＢさんが夫にそのことを話すと夫は激怒し、Ｂさん夫妻は労基署へ相談に行き、監督官がＡ社を訪問しＣ社長に、「生理休暇は法律で認められた権利であり、これに反した場合には30万円以下の罰金という罰則も定められており、書類送検することもあり得ます」と厳しく指導されることになりました。

2．トラブルの要因と対応例

（1）トラブルの要因と対応例

① 生理休暇と付与義務など

　[1] 法律の定め

　　労基法第68条には、女性の生理休暇について、「使用者は、生理日の就業が著しく困難な女性が休暇を請求したときは、その者を生理日に就業させてはならない」と規定されています。もしもこれに違反

した場合には、労基法第 120 条に「30 万円以下の罰金」との規定が
あります。

② 具体的な内容

　生理休暇は、女性労働者の請求に基づくものであり、1 日単位や半
日または時間単位で請求した場合には、その範囲内で就業させないこ
とで、法律をクリアします。なお、生理休暇の日数に制限はありませ
んので、「生理休暇は月 1 日とする」という定めなどはできないこと
になっています。

③ 賃金について

　生理休暇の賃金については、無給でも違法ではなく、労働契約、労
働協約または就業規則などで無給か有給かを定めることが多くありま
す。

④ 不利益変更には注意が必要

　もしも、生理休暇について有給とし賃金を支払っていた場合に、そ
の後に無給に変更することは女性従業員にとり不利益な変更となりま
す。この場合には、原則として女性従業員の同意が必要となりますの
で、不利益変更の場合には十分に注意が必要です。

②A社の場合

　前記のように生理休暇を無給とすることは法律に反しませんが、社長
が生理休暇 1 回につき給与から千円控除するとしたことは、法律に基づ
き権利を行使することを阻害することになり、明らかに違法といえ、そ
のため労基署の監督官から厳しい指導がなされる結果となりました。

（2）対応の例

　C社長は、顧客との契約や仕入れなど民法や会社法、税金に関する法律
には注意を払ってきましたが、今回のことで労働関係の法律に関する知識
や対応も重要なことを痛感しました。そして、生理休暇の付与はもちろん
のこと、それ以外の労務について法的に必要な事項を確認することとし、
まずは自社の就業規則の確認や見直しに取りかかることにしました。

［2］労災事故編

34 パワハラなどが原因でうつ病になり労災認定、業務災害トラブル

1．トラブルの概要

　広告代理店のA社で営業職として働くBさんは、採用3年目の春頃から欠勤が多くなり、その後に「うつ病により3カ月の療養が必要」と記載された診断書を提出して休職することになりました。しかし休職期間が満了しても復職できず、「休職期間が満了しても復職できない場合は、退職とする」という就業規則の規定に基づき、退職しました。しかし、退職して数カ月後に、Bさんから「自分がうつ病になったのは長時間労働と上司のC部長のパワハラが原因である」として、A社に労災の申請を求めてきました。A社がBさんの勤務状況を確認したところ、在職期間中の時間外労働は1年を平均して月40時間と長時間労働とまではいえず、パワハラをしたとされた元部長は定年退職して連絡がとれないため、A社では労災申請を拒否しました。しかし、Bさん自身が労災の申請を行い、労基署は「うつ病の発症は長時間労働と上司のパワハラという精神的負担によるもの」として労災として認定しました。

２．トラブルの要因と対応例

（１）トラブルの要因

①　労災の認定基準など

1　厚労省が労災認定基準を公表

厚労省は、2011年（平成23年）12月26日に、「心理的負荷による精神障害の労災認定基準」を公表しました。これについて厚労省は、精神障害の労災請求件数が大幅に増加するなかで、うつ病など精神障害に関する労災認定基準をわかりやすく策定することで、業務によって精神障害を発病した人の認定に関する判断を明確にし、また、これまでの労災認定の審査の期間を6カ月以内に短縮するものとしています。

2　追加された認定基準のポイント

2011年の認定基準のポイントしては、❶わかりやすい心理的負荷評価表（ストレスの強度の評価表）を定め、❷いじめやセクシュアルハラスメントのように出来事が繰り返されるものについては、その開始時からのすべての行為を対象として心理的負荷を評価することとしたことなどがあります。

また、2020年（令和2年）には心理的負荷評価表に「パワーハラスメント」の出来事が追加されました。

3　時間外労働の上限規制と長時間労働

2020年（令和2年）4月から、全事業所（例外業種など有り）において時間外労働の上限が定められ、年720時間以内、時間外労働と休日労働の合計が月100時間未満または複数月で全て1月当たり80時間以内が義務となりました。これにより上限時間を超えて労働した場合には法違反とされ、さらに過重労働と認定される可能性が高くなります。

②　労災が認定された要因とA社の場合

　A社が確認したとおり、Bさんの時間外労働は1年を平均して月40時間でしたが、休日労働の時間を入れると平均60時間あり、また元上司のCさんが労基署の聴き取りに対してパワハラの事実を認めたことがわかり、心理的負荷が重なったとして労災が認定されたようです。さらに、Bさんの直属の上司である課長がBさんからパワハラの相談を受けていましたが、A社に報告しないままであったことも判明しました（パワハラについては、P.48 事例⓬参照）。

（2）対応の例

　A社では、就業規則にハラスメントの禁止を追加し、ハラスメント相談窓口を設置し従業員に周知しました。また、時間外労働や休日労働の時間数を毎月15日に確認し、長時間労働にならないよう注意や配慮を行うこととしました。

コラム　取引先の社長からのハラスメントで労災認定も

　営業販売の担当者が急性心不全で死亡したのは、時間外労働が月平均70時間であり、取引先の社長から理不尽な叱責を受けるなど多大な業務の精神的負担があったとして、国の労災不支給決定の取消しを命じた事件があります。取引先からのハラスメントも労災の判断に含まれるようになった例といえます。

35 業務中の事故をかくして従業員から脅される、労災かくしトラブル

1．トラブルの概要

　高速道路などの工事を行う下請け業者のA社では、年度末やお盆、年末の帰省ラッシュが近くなると忙しくなるため、アルバイトを雇い作業をしています。そんな中で、アルバイトとして採用して3日目になるBさんがA社の社長らと共に作業を行っていたところ、脚立から落ちて右足を捻挫したようで動けなくなりました。A社のC社長は、Bさんを車で休ませ仕事が終わってから病院に行くように指示し、医師にはケガは自宅でしたことにするよう指示しました。夜になり、C社長にBさんから「右足の骨にヒビが入っていた」との連絡があり、C社長は「かかった費用は、会社が全部負担するから、このまま健康保険で受診するように」と話しました。しかし、その後にBさんから「労災かくしは法律違反ですよね、大ごとになるかも」と電話があり、金銭の要求をされるに至りました。C社長は元請け会社などと相談し、労災保険を申請することになりました。

2．トラブルの要因と対応例

（1）トラブルの要因

①　労災かくしの定義や罰則など

　労災かくしとは、労働災害が発生したにもかかわらずこの事実を隠ぺいすることであり、具体的には故意に労働者死傷病報告を所轄労働基準監督署長に提出しないことや虚偽の内容を記載した労働者死傷病報告を提出することなどとされています。

労災かくしは、安衛法第 100 条および同規則第 97 条の違反となり、罰則として 50 万円以下の罰金が定められています（同法第 120 条）。労災かくしは、被災者に犠牲を強いるなど悪質な行為であるとされており、発覚した場合には、ただちに書類送検される可能性もあり、送検された場合には社名公表などもあり得るため、会社の信頼が大きく損なわれ、取引等に影響する可能性が生じることなどに注意が必要です。

② A社の場合

A社のC社長は、元請け会社に労災事故の発生を報告し、それが原因で仕事が無くなることを心配してBさんに口止めを図ったようです。先述の通り、労災かくしは悪質な行為で労基署の対応も厳しいため、これを知ったBさんから金銭を要求されることになりました。

（2）対応の例

A社では、知り合いから紹介された社労士に同行してもらい、元請け会社に相談に行ったところ、担当者から「事故が発生したときに報告してくれれば良かったのに」といわれ、元請け会社は顧問社労士とともに労基署の労災課に相談に行き、その指示に従い手続きを取ったそうです。

後日談ですが、Bさんはサラ金に借金があり、悪い友人から「社長を脅せばお金を出すのでは」という話を真に受けて金銭の要求をしたそうで、恐喝まがいの行動をしたBさんは、その後誰にもいわず引っ越したそうです。

［3］労使協定、その他編

36　労使協定無しに、旅行積立てなどを毎月控除し書類送検に、賃金控除トラブル

1．トラブルの概要

　ＩＴ関連企業のＡ社では、社内親睦旅行を毎年 10 月に行うことにしており、旅行積立金を従業員の給与から毎月４千円を控除しています。その年の 10 月も国内の観光地に全従業員、役員で親睦旅行に行きましたが、宴会の席で営業のＢさんと上司のＣ課長が仕事のことで言い争いになり、Ｃ課長がＢさんを殴り、Ｂさんが殴り返すという喧嘩になってしまいました。周りが止めに入り大事には至りませんでしたが、Ｂさんは仕事ができるＣ課長をかばうＡ社の姿勢に怒り、退職してしまいました。退職後に、Ｂさんは労基署に「毎月、旅行積立金を勝手に控除された。法違反であり刑事告訴したい」と相談し、労基署の監督官が調査に来たそうです。賃金控除の労使協定が無いにもかかわらず旅行積立金や社友会費などを賃金から控除していたＡ社は、労基署から書類送検手続きをとられることになりました。

２．トラブルの要因と対応例

（１）トラブルの要因

①　賃金から控除できる場合や違反の罰則

　　賃金は、「全額払いの原則」として、賃金は支払うべき額の全額を支払わなければならないことになっており（労基法第 24 条）、例外として社会保険料や所得税など法律で定められたものを控除する場合が認められています。それ以外を控除する場合には、「賃金控除に関する労使協定書」を事業主と労働者代表が労使協定を締結することが必要であり、これに反した場合には 30 万円以下の罰金を科される可能性が生じます（労基法第 120 条第 1 号）。

②　A社の場合

　　A社では、「賃金控除に関する労使協定書」を締結しないまま、賃金から旅行積立金や社友会費などを控除したため、労基法第 24 条法違反に問われました。さらにA社では、過去にも労基署から賃金控除の労使協定を締結するように行政指導されていましたが、「労基署にはそのような権限はないはず」との認識でいたためこれを無視しており、労基署から悪質性が高いとして書類送検されることになりました。

（２）対応の例

　　A社では、顧問税理士から紹介された社労士に相談し、労働基準監督官の権限やなぜ書類送検されたのかを理解（後記コラム参照）しました。そして、労基署の指導に従い労使協定の締結を行い、労基署へ報告を行いました。

コラム　労基署が調査や書類送検ができるわけは

　労働基準監督官は、行政機関として労基法違反を取り締まる権限を持つこと（労基法第101条1項）により、臨検（アポなしの訪問調査）や呼び出しによる調査ができます。そして、司法警察員として労基法違反の罪について捜査する権限が与えられている（労基法第102条、刑事訴訟法第190条）ことから、警察官と同じく逮捕や捜索差押等の強制捜査の権限が認められ、刑事告訴について必要と認めた場合には担当検事と相談のうえ受理し、刑事事件として捜査し、結果として書類送検することができるとされています。

---

37 労使協定に違反して労働させたと厳しい
行政指導が、３６協定違反トラブル

1．トラブルの概要

　運送業のＡ社では、毎日のように残業があり、特に最近の人手不足の影響で配送部門などでは、どうしても長時間の勤務になることがあります。そのため、毎年「時間外労働・休日労働に関する労使協定書」（３６協定）を管轄の労基署に提出しています。ある日、労基署の監督官と名乗る人がＡ社を訪問して「調査をしたいので、労働者名簿や賃金台帳など関係資料を見せて欲しい」といい、Ａ社の担当者が対応しました。調査の結果、監督官から「御社では３６協定に定める労働時間の上限時間である月110時間を超えて労働している従業員が多くおり、速やかに改善して報告するように」などと厳しい行政指導がなされました。Ａ社では「運送業は長時間労働の適用対象外であり、違法ではないはず」と反論しましたが、監督官から「３６協定の内容に関する違反であり、指導に従わない場合には書類送検もあります」と聞き入れてもらえず、改善を余儀なくされました。

2．トラブルの要因と対応例

（1）３６協定違反のケースと罰則など

① ３６協定違反の主なケース

　1 未提出の場合や期限切れの場合

　　３６協定は、従業員に法定労働時間を超えたり法定休日に労働させる場合に、事前に労使が締結し労基署に提出することが義務付けられ

121

ています。その提出がなく時間外・休日労働させた場合や、有効期間が切れたまま労働させた場合などに違反とされます。

② 　上限時間を超えた場合

　３６協定には、原則として１日、１カ月、１年間の時間外・休日労働の上限時間などを定めることになっており、このいずれかを超えて労働させた場合に違反とされます。ただし、後記③に記載のとおり、特別条項を定めた場合にはその限りではありません。

③ 　特別条項違反

ａ．時間数や回数の違反

　前記②のとおり、時間外・休日労働は、原則として１カ月45時間、年間360時間を超えてはならないとされています。もしもこれを超える場合には、特別条項として年６回以内、１カ月100時間未満、複数月平均80時間以内、年間720時間以内の範囲で定め届け出ることになっており、この時間を超えて労働させた場合等に違反とされます。

ｂ．労働者代表との協議または通知の違反

　特別条項が適用されるには、労働者代表との協議または通知を事前に行うことになっており、それを行わないまま労働させた場合に違反とされますので、協議結果の記録や通知書の保管が重要です。

ｃ．その他の違反

　基本的な限度時間を超えて労働させた場合に、労働者の健康や福祉を維持させるための措置を選択して記載することになっており、その措置をとらなかった場合に違反とされますので、その記録を保管することが重要です。

② **長時間労働の適用対象外業種でも、指導されるケースが急増**

① 　猶予や適用除外の業種が存在

　Ａ社のような運送業（自動車の運転業務）や建設業、医師など一部の業種については、原則2024年３月末までは時間外労働の上限規制の猶予や適用除外が設けられています。しかし、これはあくまでも３６

協定に記載する上限時間数の記載や、法律の上限時間（P.113 事例**34**参照）を超えて労働した場合の罰則の適用が猶予されているものです。

② 　法律の労働時間の上限を超えて労働した場合には指導が

たとえ適用対象外業種でも、同じ労働者であることに変わりなく、実際に上限時間を超えて労働していた場合には長時間労働とされ、改善を指導されることになります。A社では、法律の上限時間である月100 時間を大きく超えて労働させていたため、長時間労働の改善を命じられたわけです。

（2）対応の例

A社が労基署から受けた行政指導は、３６協定違反や長時間労働の是正、労働時間削減のための具体的な方策の報告、労働者の健康確保措置など多岐にわたりました。そのためA社では、人員の配置変更や業務の効率化、外注への委託などにより労働時間削減を行うこととし、継続的に実施していくこととしました。

コラム　労基署の臨検（りんけん）は、従業員が駆け込んだからか？

労基署の監督官が、突然会社や工場などを訪問してきて、「労基署の者ですが調査させてください」と事業所の調査を行うことがあります。これを「臨検」と呼んでいます。突然の調査に、事業所は色めき立ち「何かまずいことがあったのか！」などと考えがちです。しかし、本来の労基署の調査はアポなしであり、会社の担当者の不在や調査する資料がないなどの空振りが多くなったことから、書面で調査を通知するようになったそうです。どうしても調査に対応できないときは、臨検に来た監督官に「今日は多忙な日であり、調査は後日に」など、丁寧に理由を説明すれば後日の調査が可能です。ただし、あくまでも日延べができきるだけですので、ご注意を。

38 賃金額が法律違反と２年分の支払いを命じられる、最賃違反トラブル

１．トラブルの概要

　神奈川県にある食品販売業のＡ社では、正規従業員４名、パート従業員十数名が働いており、パート従業員のうち数名は外国人労働者です。ある日、パート従業員のＢさんからＡ社のＣ部長に「時給が２年前から 1,000円のままで、最低賃金より安いのでは」と話がありましたが、Ｃ部長は「賃金を上げたいのはやまやまだが、この景気では無理なので、少し我慢して欲しい」と答え、Ｂさんは仕方ないと諦めていました。そんな中、労基署の監督官がアポなしでＡ社の調査（臨検）で訪れました。対応したＣ部長は「何かあったのでしょうか」と監督官に聞いたところ、監督官は「外国人労働者を雇用する会社さんに調査に入る方針が出たのでお邪魔しました」と話したそうです。その調査の中で、監督官はパート従業員の賃金が最低賃金に違反していることを指摘し、令和元年 10 月１日まで遡って全パート従業員の賃金の不足分を清算し、その結果を報告するように指導されました。

２．トラブルの要因と対応例

（１）最低賃金と罰則

① 最低賃金と罰則

　[1]　最低賃金法（以下「最賃法」）の定め

　　　最低賃金制度とは、最賃法に基づき国が賃金の最低限度を定め、使用者は、その最低賃金額以上の賃金を支払わなければならないとする

制度です。

最賃法第4条では、「使用者は、原則として労働者に最低賃金額以上の賃金を支払わなければならない」と定めており、最低賃金額に達しない賃金については最低賃金との差額を支払う義務が生じることになります。

② 最低賃金の種類と適用

最低賃金には、各都道府県で定められ原則として全労働者に適用される「地域別最低賃金」と、特定地域内かつ特定の産業での労働者が対象となる「特定最低賃金」の2種類があり、高いほうの最低賃金が適用されます（厚労省ホームページ「特定最低賃金の全国一覧」を参照）。

③ 違反した場合の罰則

最賃法第40条では、「地域別最低賃金」の金額に違反した場合には、罰則として50万円以下の罰金が定められています。また「特定最低賃金」に違反した場合には、労基法第24条の賃金の全額払い違反として30万円以下の罰金（労基法第120条）が定められています。

② A社の場合

A社では、2年前から時給1,000円を支払っていましたが、神奈川県の「地域最低賃金」の変遷は次のとおりとなります。

2018年（平成30年）10月 1日 から 2019年（令和元年） 9月30日	983円
2019年（令和元年）10月 1日 から 2020年（令和2年） 9月30日	1011円
2020年（令和2年）10月 1日 から 次の改訂まで	1012円

A社は、2019年（令和元年）10月1日からの最低賃金に反していることになり、監督官から全ての期間について不足額を支払うように命じられました。

（2）対応の例

　A社では、パート従業員への支払い不足の清算を行い、時給を最新の最低賃金である1012円に引き上げました。その他に監督官からは、採用時の労働条件通知書の交付義務違反や正規従業員の時間外労働への支払い不足を指摘され、労働条件通知書を作成して交付し、正規従業員についても清算を行いました。

❷ 年金事務所の調査

39	社会保険加入を拒んだら、年金事務所の調査で支払い命令が、未加入トラブル

1. トラブルの概要

　飲食業のＡ社では、主にアルバイト従業員とパート従業員が働いていますが、中には長時間勤務する従業員も多くいます。Ａ社ではアルバイトやパートでも、一定時間以上勤務する場合には社会保険に加入させる義務があることは認識していますが、対象となる従業員から「加入するなら退職する」などといわれることや、社会保険料が高額なことから未加入のままにしています。最近採用されたパート従業員のＢさんは、長時間の勤務で採用され、Ａ社に社会保険の加入を希望しましたが、採用担当者から「経費がかかるので、試用期間の２カ月経過してから検討します」といわれました。しかし、試用期間が終わってもＡ社では加入手続きを取らないため、Ｂさんは年金事務所に「社会保険の未加入者がたくさんいる」と相談に行き対応を求めたことから、年金事務所の調査が入り、十数名について遡りの加入と未加入期間の社会保険料の支払いが命じられました。

2. トラブルの要因と対応例

（1）社会保険の加入義務と年金事務所の調査など

① 基本的な加入義務

　現在の社会保険の加入義務は、原則として労働時間が正規従業員や、

パート等でも正規従業員の４分の３以上の労働時間、かつ３カ月以上の勤務または勤務することが明らかな場合となっています。また雇用期間の定めがない場合や、当初から３カ月以上の雇用期間を定めた場合なども、原則として加入義務が生じます。

② 　年金事務所の調査や罰則

調査は、原則として４年に１度は実施されることになっており、調査により未加入や保険料の支払い不足が指摘された場合には、最大で２年分について遡及して支払いが命じられるケースもあります。また、調査に当たり、調査を無視したり、虚偽の報告などをした場合には、最大で懲役６カ月以下の罰則が規定（厚生年金法第102条など）されていますので、注意が必要です。

③ 　A社の場合

社会保険料率は、賃金総額の約３割であり、これを事業主と従業員等が折半して負担することになります。賃金総額10万円の場合には、それぞれ約１万５千円を負担することになり、A社でもその負担を避けようとしたため、結果的に２年間遡及して支払うように命じられてしまいました。

（2）対応の例

A社では、アルバイトやパートでも社会保険の加入対象となる場合には加入することとし、採用時の従業員から提出してもらう入社誓約書に、「社会保険加入については会社の指示に従う」という記載を追記しました。

コラム　新型コロナなどから資料を郵送しての調査がメインに、その影響は

　年金事務所の調査については、以前は年金事務所への呼び出しや調査担当者が事業所を訪問して行っていました。しかし、３年ほど前から賃金台帳やタイムカードなど勤務時間のわかる書類、源泉所得税の納付書などの資料を、調査対象事業所から郵送させ、これらの内容を調査担当者が確認し、問題があれば指摘することになっています。新型コロナの影響でほとんどが郵送による調査になっているます。資料は返還されず、年金事務所に一定期間残ることになり、じっくりと調査されるからか問題を指摘されることが増えています。いい加減な資料を送らないようにくれぐれも注意が必要です。

40　年金不正受給を指摘され、全額返還を命じられる、年金受給・返還トラブル

1．トラブルの概要

　飲食店を2件経営するAさん（65歳）は、それぞれの店舗をB社とC社の別法人とし、代表取締役となっています。Aさんの報酬は、B社から20万円、C社から80万円となっていますが、2つの会社とも社会保険に加入しているものの、Aさん自身は報酬の低いB社だけで社会保険に加入しています。ある日、C社に年金事務所の調査があり、「A社長はC社で社会保険に加入しておらず、加入漏れである」と指摘され、2年間遡及して加入し不足分の保険料の支払いが命じられました。さらにA社長は厚生年金を受給していたため、その後に過払い分の年金の返還を命じられることになりました。

2．トラブルの要因と対応例

（1）複数法人の経営者の厚生年金の加入義務など

①　2以上の法人経営者は、原則として全ての法人で加入義務が

　被保険者となるべき者が、同時に複数（2カ所以上）の適用事業所に使用され賃金または報酬を受ける場合には、原則として法人を管轄する全ての年金事務所に手続きを行い、主たる事業所を選択する義務があります。これを「2以上事業所勤務届」といいます。

　特に、複数の法人の代表取締役を務める場合には、全ての法人で常勤性があるとされるため、報酬を受ける全法人について管轄する年金事務所への届出が必要となります（具体的な手続きは要確認）。2以上事業

所勤務届を提出した場合には、報酬が合算されて厚生年金保険料と健康保険料が決定され、原則それぞれの法人の報酬額に比例して保険料が課されることになります。

② Aさんの場合

Aさんは、B社とC社の代表取締役であり、それぞれ役員報酬を受けているにもかかわらず2以上事業所勤務届を提出していませんでした。さらに、20万円という低い報酬のB社だけしか社会保険に加入しておらず、本来はC社からの報酬80万円についても厚生年金保険料と健康保険料が課されることになり、法律で定める2年分の不足分（約400万円）が徴収されることになりました。

さらに、Aさんは63歳から厚生年金（特別支給の老齢厚生年金）を月当たり約6万円受給しており、B社とC社の報酬月額の合計は100万であり、本来年金の受給はできなかったため、全額（約72万円）の返還を求められることになりました。

（2）対応の例

Aさんは、2以上事業所勤務の届出を行い、不足分の保険料約400万円は分割払いにすることで年金事務所と交渉し認められ、年金返還分の約72万円は1回で支払うことになりました。

コラム　働きながらもらう年金、在職老齢年金について

　在職老齢年金は、老齢年金を受給できる方が社会保険に加入している事業所で働き、厚生年金の加入義務がある場合に、事業所から受ける賃金や報酬の金額により老齢年金が減額される制度です。年齢、基本月額、総報酬月額相当額によって計算方法が数パターンかありますが、Aさんの場合は、下記の計算式が年金額から控除される金額です。なお、65歳以上の場合には28万円は47万円となります。

Aさん：65歳未満、基本月額6万円、総報酬月額相当額計100万円

↓

①基本の計算式

　｜(47万円＋基本月額（受給年金）－28万円）÷2＋（総報酬月額相当額）－47万円｜

②Aさんの場合

　｜(47万円＋6万円－28万円)　÷2＋62万円＊－47万円｜　＝年金停止額27万5千万円

基本月額60,000円－年金停止額275,000円＝－215,000円→これにより受給年金額は0円

（＊参考：当時の厚生年金保険料の上限額62万円、令和3年2月時点の上限額65万円）

　※1　基本月額：65歳未満の場合は、加給年金を覗いた特別支給の老齢年金の月額
　※2　総報酬月額相当額：その月の標準報酬月額と直近1年間の標準賞与額の合計÷12カ月

労働基準法の罰則（抜粋）

● **1年以上10年以下の懲役または20万円以上300万円以下の罰金　第117条**

- 強制労働の禁止（第5条）　使用者は、暴行、脅迫、監禁その他精神または身体の自由を不当に拘束する手段によって、労働者の意思に反して労働を強制してはならない。

● **1年以下の懲役または50万円以下の罰金　第118条**

- 中間搾取の排除（第6条）　何人も、法律に基づいて許される場合のほか、業として他人の就業に介入して利益を得てはならない。

- 最低年齢（第56条）　使用者は、児童が満15歳に達した日以後の最初の3月31日が終了するまで、これを使用してはならない。

- 年少者の坑内労働の禁止（第63条）　使用者は、満18歳に満たない者を坑内で労働させてはならない。

- 女性の坑内労働の禁止（第64条の2）　使用者は、満18歳以上の女性を坑内で行われる業務のうち人力により行われる掘削の業務その他の女性に有害な業務として厚生労働省令で定める業務に就かせてはならない。

● **6カ月以下の懲役または30万円以下の罰金　第119条**

- 均等待遇（第3条）　使用者は、労働者の国籍、信条または社会的身分を理由として、賃金、労働時間その他の労働条件について、差別的取扱をしてはならない。

- 公民権行使の保障（第7条）　使用者は、労働者が労働時間中に、選挙権その他公民としての権利を行使し、または公の職務を執行するために必要な時間を請求した場合においては、拒んではならない。

- **賠償予定の禁止（第 16 条）** 使用者は、労働契約の不履行について違約金を定め、または損害賠償額を予定する契約をしてはならない。

- **解雇の予告（第 20 条）** 使用者は、労働者を解雇しようとする場合においては、少なくとも 30 日前に解雇予告をしなければならない。
　30 日前に予告をしない使用者は、30 日分以上の平均賃金を支払わなければならない。

- **退職時等の証明（第 22 条第 4 項）** 使用者は、あらかじめ第三者と謀り、労働者の就業を妨げることを目的として、労働者の国籍、信条、社会的身分若しくは労働組合運動に関する通信をし、又は証明書に秘密の記号を記入してはならない。

- **労働時間（第 32 条）** 使用者は、労働者に、休憩時間を除き 1 週間について 40 時間を超えて労働させてはならない。また、使用者は、1 週間の各日については、労働者に休憩時間を除き 1 日について 8 時間を超えて、労働させてはならない。

- **休憩（第 34 条）** 使用者は、労働時間が 6 時間を超える場合においては少くとも 45 分、8 時間を超える場合においては少くとも 1 時間の休憩時間を労働時間の途中に与えなければならない。また、休憩時間は、一斉に与えなければならない。

- **休日（第 35 条）** 使用者は、労働者に対して、毎週少くとも 1 回の休日を与えなければならない。

- **時間外・休日及び深夜の割増賃金（第 37 条）** 使用者が、労働時間を延長し、または休日に労働させた場合においては、その時間またはその日の労働については、通常の労働時間または労働日の賃金の計算額の 2 割 5 分以上 5 割以下の範囲内でそれぞれ政令で定める率（延長した労働時間の労働については 2 割 5 分、休日の労働については 3 割 5 分）以上の率で計算した割増賃金を支払わなければならない。
　また、使用者が、午後 10 時から午前 5 時（地域・期間により午後 11 時から午前 6 時）までの間において労働させた場合においては、

その時間の労働については、通常の労働時間の賃金の計算額の2割5分以上の率で計算した割増賃金を支払わなければならない。

- **年次有給休暇（第39条）**　使用者は、その雇入れの日から起算して6カ月間継続勤務し全労働日の8割以上出勤した労働者に対して、継続し、又は分割した10労働日の有給休暇を与えなければならない。

- **妊産婦の危険有害業務の就業制限（第64条の3）**　使用者は、妊娠中の女性及び産後1年を経過しない女性を、重量物を取り扱う業務、有害ガスを発散する場所における業務その他妊産婦の妊娠、出産、哺育等に有害な業務に就かせてはならない。

- **産前産後休業（第65条）**　使用者は、6週間（多胎妊娠の場合14週間）以内に出産する予定の女性が休業を請求した場合においては、その者を就業させてはならない。また、使用者は、産後8週間を経過しない女性を就業させてはならない。ただし、産後6週間を経過した女性が請求した場合において、その者について医師が支障がないと認めた業務に就かせることは差し支えない。

- **妊産婦の時間外労働等（第66条）**　使用者は、妊産婦が請求した場合においては1カ月単位の変形労働時間制、1年単位の変形労働時間制及び1週間単位の非定型的変形労働時間制の規定にかかわらず、1週間または1日について法定労働時間を超えて労働させてはならない。

- **療養補償（第75条）**　労働者が業務上負傷し、又は疾病にかかった場合においては、使用者は、その費用で必要な療養を行い、又は必要な療養の費用を負担しなければならない。

- **休業補償（第76条）**　労働者が療養のため労働することができずに賃金を受けない場合においては、使用者は、労働者の療養中平均賃金の100分の60の休業補償を行わなければならない。

- **障害補償（第77条）**　労働者が業務上負傷し、または疾病にかかり、

治った場合において、その身体に障害が存するときは、使用者は、その障害の程度に応じて、平均賃金に一定の日数を乗じて得た金額の障害補償を行わなければならない。

- **遺族補償（第 79 条）** 労働者が業務上死亡した場合においては、使用者は、遺族に対して、平均賃金の 1,000 日分の遺族補償を行わなければならない。

- **葬祭料（第 80 条）** 労働者が業務上死亡した場合においては、使用者は、葬祭を行う者に対して、平均賃金の 60 日分の葬祭料を支払わなければならない。

- **監督機関に対する申告をした労働者に対しての不利益扱い等（第 104 条 2 項）** 事業場に、労働基準法または労働基準法に基いて発する命令に違反する事実がある場合においては、労働者は、その事実を行政官庁または労働基準監督官に申告することができる。使用者は、当該申告をしたことを理由として、労働者に対して解雇その他不利益な取扱をしてはならない。

● 30 万円以下の罰金　第 120 条

- **労働条件の明示（第 15 条第 1 項、第 3 項）** 使用者は、労働契約の締結に際し、労働者に対して賃金、労働時間その他の労働条件を明示しなければならない。

- **賃金の支払（第 24 条）** 賃金は、通貨で、直接労働者に、その全額を支払わなければならない。

- **休業手当（第 26 条）** 使用者の責に帰すべき事由による休業の場合においては、使用者は、休業期間中当該労働者に、その平均賃金の 100 分の 60 以上の手当を支払わなければならない。

- **1 カ月単位の変形労働時間制の協定届（第 32 条の 2 第 2 項）** 使用者は、1 カ月単位の変形労働時間制の協定届を労働基準監督署に届け

出なければならない。但し、就業規則その他これに準ずるもので規定
している場合を除く。

- **1年単位の変形労働時間制の協定届（第32条の4第4項）** 使用者は、
1年単位の変形労働時間制の協定届を労働基準監督署に届け出なけれ
ばならない。

- **1週間単位の非定型的変形労働時間制の協定届（第32条の5第3項）**
使用者は、1週間単位の非定型的変形労働時間制の協定届を労働基
準監督署に届け出なければならない。

- **1週間単位の非定型的変形労働時間制を導入する場合の通知（第32
条の5第2項）** 1週間単位の非定型的変形労働時間制を導入する場
合は、当該労働させる1週間の各日の労働時間を、あらかじめ、当該
労働者に通知しなければならない。

- **事業場外労働の労使協定届出（第38条の2第3項）** 事業場外での
労働を所定労働時間労働したものとみなす場合は労使協定を届出しな
ければならない。

- **生理日の就業が著しく困難な女性に対する措置（第68条）** 使用者は、
生理日の就業が著しく困難な女性が休暇を請求したときは、その者を
生理日に就業させてはならない。

- **就業規則作成及び届出の義務（第89条）** 常時10人以上の労働者を
使用する使用者は、就業規則を作成し、労働基準監督署に届け出なけ
ればならない。

- **就業規則作成時の労働者代表の意見聴取（第90条第1項）** 使用者は、
就業規則の作成又は変更について、当該事業場に、労働者の過半数で
組織する労働組合がある場合においてはその労働組合、労働者の過半
数で組織する労働組合がない場合においては労働者の過半数を代表す
る者の意見を聴かなければならない。

- **制裁規定の制限（第91条）** 就業規則で、労働者に対して減給の制

裁を定める場合においては、その減給は、1回の額が平均賃金の1日分の半額を超え、総額が1賃金支払期における賃金の総額の10分の1を超えてはならない。

- **法令等の周知義務（第106条）** 就業規則は常時各作業場の見やすい場所へ掲示し、または備え付けること、書面を交付することその他の厚生労働省令で定める方法によつて、労働者に周知させなければならない。

●添えつける名簿や記録など　30万円以下の罰金　第120条

- **労働者名簿（第107条）** 使用者は、各事業場ごとに労働者名簿を、各労働者（日日雇い入れられる者を除く）について調製し、労働者の氏名、生年月日、履歴その他厚生労働省令で定める事項を記入しなければならない。

- **賃金台帳（第108条）** 使用者は、各事業場ごとに賃金台帳を調製し、賃金計算の基礎となる事項及び賃金の額その他厚生労働省令で定める事項を賃金支払の都度遅滞なく記入しなければならない。

- **記録の保存（第109条）** 使用者は、労働者名簿、賃金台帳及び雇入れ、解雇、災害補償、賃金その他労働関係に関する重要な書類を5年間※保存しなければならない（※当分の間は3年間保存）。

- 労働基準監督官等による臨検を拒み、陳述せず、又は虚偽の陳述をしたり、帳簿書類を提出せず、又は虚偽の記載をした帳簿書類を提出した者（**第120条第4項**）

- 是正報告をせず、若しくは虚偽の報告をし、又は出頭しなかった者（**第120条第5項**）

著者プロフィール等　　社会保険労務士（社労士法人含む）

特定社会保険労務士　本間 邦弘

※東京板橋セントラルロータリークラブ会員

名称・役職　　社会保険労務士本間事務所　所長
所在地　　　　東京都中央区新富２－５－５　ＭＳビル３階
電　話　　　　０３－６２２２－３７６６

社会保険労務士法人 らいふ社労士事務所　特定社会保険労務士　福島 継志

役　職　　　　代表社員
所在地　　　　東京都北区赤羽南２－４－１５
電　話　　　　０３－３９０２－１２７７

特定社会保険労務士　稲田 耕平

名称・役職　　稲田社労士事務所・東京管理協会　　所長
所在地　　　　東京都北区赤羽南１－３－７　関根ビル４階
電　話　　　　０３－３９０３－１１０５

板橋社会保険労務士法人　社会保険労務士　福田 英治

※東京板橋セントラルロータリークラブ会員

役　職　　　　代表社員
所在地　　　　東京都東京都板橋区板橋１丁目２２－８
電　話　　　　０３－３９６１－１０４５

特定社会保険労務士　菊地 久美

名　称　　　　旭日社会保険労務士事務所
所在地　　　　宮城県仙台市宮城野区榴岡２－２－１０　セントールビル３階
電　話　　　　０２２－３５７－０８２０

著者プロフィール等　　弁護士、司法書士、行政書士

弁護士　石川 秀樹

名　称　　　銀座プライム法律事務所
所在地　　　東京都中央区銀座２－６－８　日本生命銀座ビル８階
電　話　　　０３－３５３５－７３３３

弁護士　神田 友輔

　　　　　　※東京板橋セントラルロータリークラブ会員
名称・役職　松尾法律事務所　パートナー弁護士
所在地　　　東京都新宿区新宿１－１３－１　大橋御苑駅ビル別館３階
電　話　　　０３－３３５４－１３１８

行政書士・司法書士　茂木 正光

　　　　　　※東京板橋セントラルロータリークラブ会員
名称・役職　茂木行政書士・司法書士事務所　所長
ＵＲＬ：https://www.motoffice.jp/
Ｅ-mail: info@motoffice.jp

司法書士　関根 寿

　　　　　　（簡裁訴訟代理等関係業務認定）
名称・役職　司法書士関根寿事務所　所長
所在地　　　東京都北区王子２－２２－７　ＴＷビル２階
電　話　　　０３－６６５９－６５７５

税理士法人 西川会計　税理士　西川 豪康

役　職	代表社員
所在地	東京都北区赤羽南２－４－１５
電　話	０３－３９０２－１２００

ＭＣ税理士法人　税理士　御簾納 弘

役　職	代表社員
所在地	東京都新宿区新宿３－１１－１０　新宿３１１ビル４階
電　話	０３－３３５７－１２１２

税理士　　石原 明子

名称・役職	石原明子税理士事務所　所長
所在地	東京都千代田区麹町１－６－９　ＤＩＫ麹町ビル７１０
電　話	０３－３２２１－１０１３

税理士　　小野 聡司

	※東京板橋セントラルロータリークラブ会員
名称・役職	小野税理士事務所　所長
所在地	東京都板橋区常盤台４－３１－４－２Ｆ
電　話	０３－６９０６－４５６５

旭日税理士法人

○本　社
　所在地　　　　　宮城県仙台市宮城野区原町５－１１－２２
　電　話　０２２－２９５－００９２　　代表社員　税理士　桑畑 弘道
○東口サテライト
　所在地　　　　　宮城県仙台市宮城野区榴岡２－２－１０　セントールビル３階
　電　話　０２２－２９２－１３０７　　社員　税理士　桑畑 淳子
○東京事務所
　所在地　　　　　東京都港区浜松町２－５－２　田中ビル３階
　電　話　０３－６３８０－３２２０　　社員　税理士　久保 聡

激変時代の労務トラブルと対応例４０

2021年 3月16日　初版

編　　　者　労務トラブル総合研究会
発 行 所　株式会社労働新聞社
　　　　　　〒173-0022　東京都板橋区仲町 29-9
　　　　　　TEL：03-5926-6888（出版）　03-3956-3151（代表）
　　　　　　FAX：03-5926-3180（出版）　03-3956-1611（代表）
　　　　　　https://www.rodo.co.jp　　pub@rodo.co.jp
表　　　紙　尾﨑　篤史
印　　　刷　モリモト印刷株式会社

ISBN 978-4-89761-848-7